DEBUT D'UNE SERIE DE DOCUMENTS
EN COULEUR

SOUVENIRS
D'ALSACE

CHASSE – PÊCHE – INDUSTRIES – LÉGENDES

Quatrième Édition

PARIS

BERGER-LEVRAULT ET Cie, ÉDITEURS

5, RUE DES BEAUX-ARTS, 5

MÊME MAISON A NANCY

1890

BERGER-LEVRAULT ET Cⁱᵉ, LIBRAIRES-ÉDITEURS

LA CHASSE
ET LA PÊCHE

SOUVENIRS D'ALSACE
Par Maurice ENGELHARD

AVEC 132 DESSINS ORIGINAUX PAR HENRY GANIER

Un magnifique volume grand in-8° jésus

Tirage sur fort papier vélin, broché . . . . **10** fr.
En riche cartonnage toile à biseaux, plaques spéciales,
tête dorée. . . . . **13** fr.

40 EXEMPLAIRES NUMÉROTÉS A LA PRESSE:

Papier du Japon, **30** fr.; papier de Chine, **20** fr.;
papier teinté, **20** fr.

VOYAGE
AUX
CHATEAUX HISTORIQUES
DES VOSGES SEPTENTRIONALES

Par HENRY GANIER et JULES FRŒLICH

Un très beau volume grand in-8° de 520 pages, avec une carte d'ensemble, un frontispice en couleurs, 13 planches hors texte et 200 dessins originaux, par H. GANIER.

Tirage sur fort papier vélin, broché . . . . **16** fr.
Relié en demi-chagrin, tête dorée, fers au dos. **20** fr.

30 exemplaires numérotés à la presse:

10 sur papier du Japon (nᵒˢ 1 à 10) . . . . **45** fr.
10 sur papier de Hollande (nᵒˢ 11 à 20). . . *épuisés.*
10 sur papier chamois (nᵒˢ 21 à 30) . . . . **30** fr.

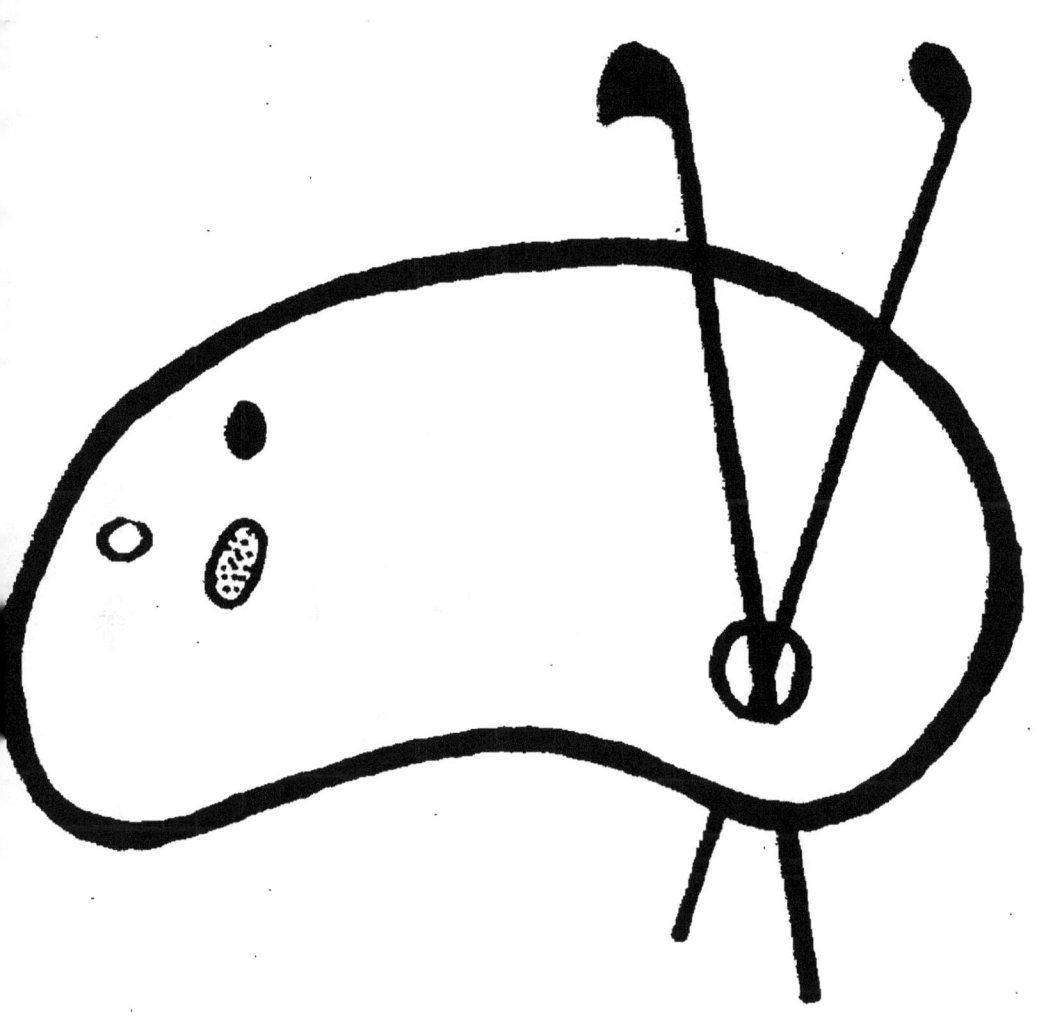

FIN D'UNE SERIE DE DOCUMENTS
EN COULEUR

Souvenirs
D'ALSACE

NANCY, IMPRIMERIE BERGER-LEVRAULT ET Cie

MAURICE ENGELHARD

SOUVENIRS D'ALSACE

CHASSE – PÊCHE – INDUSTRIES – LÉGENDES

Quatrième Édition

PARIS

BERGER-LEVRAULT ET Cie, ÉDITEURS

5, RUE DES BEAUX-ARTS, 5

MÊME MAISON A NANCY

1890

En 1864, j'ai publié, à Strasbourg, un petit livre intitulé: *la Chasse dans la vallée du Rhin*, qui a été tiré à petit nombre et qui est épuisé.

Depuis, j'ai émigré d'Alsace, mais il m'est arrivé, par habitude, d'écrire quelques articles sur les choses qui m'avaient vivement intéressé autrefois. Il m'a semblé qu'il était utile que la France sache tout ce qu'elle a perdu, et c'est pourquoi j'ai essayé de faire revivre de vieux souvenirs, de rappeler mes impressions de chasseur dans les plaines d'Alsace, et de touriste dans les montagnes des Vosges et de la Forêt-Noire.

J'ai réuni ces articles à ceux qui composaient *la Chasse dans la vallée du Rhin*, et je les publie sous le titre de *Souvenirs d'Alsace*.

J'aime à penser qu'il leur sera fait un accueil favorable, non point à raison de leur mérite, mais par sympathie pour mon pauvre pays sacrifié.

Paris, décembre 1881.

M. E.

Note — Plusieurs articles ont paru autrefois dans l'*Illustration*, sous le pseudonyme de *Paul Roger*.

Préface

de la

Chasse dans la vallée du Rhin.

Quelques amis qui trouvent leur plaisir à rechercher dans la poussière des archives et dans les oubliettes de l'histoire, tout ce qui a rapport à notre chère Alsace, ont bien voulu se souvenir que j'avais écrit, il y a cinq ou six ans, plusieurs articles sur la chasse dans la vallée du Rhin, articles qui ont été publiés dans divers journaux. Ils m'ont engagé à les réunir en une brochure et je me suis laissé faire une douce violence. Pour compléter la série, j'y ai ajouté quelques pages sur les habitudes du sanglier et sur la manière de le chasser pratiquée en Alsace.

Dans son excellent livre sur la profession d'avocat, Félix Liouville, de regrettable mémoire, énumère parmi les jouissances de cette profession le plaisir de plaider et le plaisir de gagner un procès.

Depuis vingt ans je goûte le premier de ces plaisirs et quelquefois il m'a été donné de savourer le second. Mais je dois à la vérité de dire que, dans ma carrière d'avocat, j'ai connu une troisième jouissance, c'est d'abandonner de temps en temps les luttes du barreau pour les luttes de la chasse, qui, tout en fatiguant le corps, reposent merveilleusement l'esprit. De tout temps les avocats ont été chasseurs, et c'est peut-être ce qui explique que les deux mois de vacances de dame Thémis concordent avec la meilleure saison des exploits de saint Hubert. Mon goût pour la chasse trouve ainsi son excuse ; mais ce qui me sera difficilement pardonné, c'est d'avoir songé à écrire quand j'étais dispensé de parler.

Puissent mes petits récits de vénerie internationale franco-allemande procurer quelque distraction à mes lecteurs, et ne m'attirer que des critiques indulgentes !

Strasbourg, le 20 août 1864.

M. E.

CHASSE

Le Gibier en Alsace

En écrivant une série d'articles sur les chasses de l'Alsace, je n'ai pas la présomption d'ajouter quelque chose à l'histoire naturelle du gibier, ou d'offrir des conseils sur la manière de le chasser. Sous ce rapport, tout a été dit, et de la façon la plus spirituelle, par Elzéar Blaze, d'Houdetot, Viardot et surtout par Toussenel, l'inimitable auteur de l'*Ornithologie passionnelle* et de l'*Esprit des bêtes*. Si je me hasarde à parler chasse, ce ne peut être que sur le terrain des faits et à un point de vue tout local. J'essaye de faire connaitre au lecteur-chasseur un pays magnifiquement titré (comme dirait Toussenel) en richesses cynégétiques. Pour en donner la preuve, tout d'abord, je vous dirai le produit d'une journée de chasse dans la vallée du Rhin. Cela se passait, il y a quelques semaines, dans la grande clairière de la forêt de Windschlæg, l'une des plus belles parties des chasses d'Offenbourg. Encore cette journée-là n'était-elle pas des plus brillantes : quatre ou cinq chevreuils, autant de faisans et cent cinquante lièvres, que deux voitures peuvent contenir. C'était peu, et ce résultat si modeste doit être attribué à deux causes : aux dernières mauvaises années, pendant lesquelles le faisan est devenu *rara avis*, et à 1849, année si fatale aux révolutionnaires et au gibier du duché de Bade, qui n'a pas permis au *Rehstand* de redevenir ce qu'il était auparavant [1].

Heureux temps, où j'ai vu sur le carreau, tout ensemble et pêle-mêle, 400 lièvres, 30 chevreuils, tous broquarts, et 80 faisans, tous coqs.

Un rendement aussi considérable ne s'explique pas par l'habileté de nos chasseurs. Le Parisien qui chasse dans la plaine de Saint-Denis, et le Marseillais embusqué dans sa bastide, peuvent être d'excellents tireurs, mais jamais ils ne verront pareille fête. C'est donc la position géographique de la vallée du Rhin, la configuration du sol, le mode et l'aménagement des chasses, qui font de

---

[1]. *Rehstand* n'a pas de mot correspondant dans la langue française ; c'est un substantif qui veut dire la quantité de chevreuils qui se trouvent dans telle chasse. Quand les Almands disent *Wildstand*, l'expression se généralise et s'entend de toute espèce de gibier.

cette contrée, moitié française et moitié allemande, l'une des plus giboyeuses de l'Europe occidentale.

Notre belle vallée est parcourue dans toute sa longueur (près de 80 lieues) par le Rhin ; à droite et à gauche, elles est encaissée par deux grandes chaines de montagnes, les Vosges en France et la Forêt-Noire en Allemagne. Sa largeur moyenne est de huit à dix lieues.

Le Rhin, qui relie la mer du Nord aux grands lacs de la Suisse, est le tracé naturel des migrations des oiseaux d'eau, palmipèdes, voiliers ou coureurs de rivages aux grands pieds, que les glaces des contrées hyperboréennes obligent à la retraite vers des climats plus doux. Il sert ainsi de ligne de passe aux innombrables canards, aux sarcelles, aux macreuses, aux oies sauvages qui descendent des zones polaires et du golfe de Bothnie; parfois même au magnifique cygne sauvage, au cormoran et à des espèces rares, que les grandes tourmentes de la nature dépaysent ou égarent, et qui reprennent leur route en se guidant sur les vertes eaux du fleuve.

Le Rhin est un grand infidèle... il change de lit assez souvent et passe d'une rive à l'autre sans pudeur, laissant à sec la rive française, qu'il caresse un peu plus loin pour la quitter encore et rendre ses faveurs à la rive badoise. Mais les faveurs du Rhin sont pernicieuses; elles rongent les malheureuses rives qui s'y laissent prendre, et on les voit dénudées, la plaie au vent, à peine couvertes d'une maigre couche de verdure, se mirer dans de tristes eaux stagnantes, que le fleuve cruel a laissées en se retirant comme pour leur infliger la marque de son triomphe. Ces eaux stagnantes deviennent peu à peu des marais touffus, impénétrables, asiles pleins de confort, fréquentés par les échassiers palustriens, bécassines, butors, hérons, poules d'eau, foulques, marouettes, râles, et par tous ces oiseaux aux longs doigts faits pour marcher sur la boue. Les barboteurs y trouvent aussi leur compte. Après avoir passé tout le jour sur le Rhin, sur les grandes pièces d'eau, sur les prairies submergées, là où ils se sentent inabordables, les canards, lorsque sonne l'Angelus du soir, quittent les grandes nappes d'eau pour venir s'abattre en sifflant sur ces mares bourbeuses. Du Rhin, tous ces effrénés voyageurs gagnent les lacs de la Suisse, les rivages de l'Adriatique ou de la Méditerranée et enfin la Sicile, dernière étape d'où ils s'élancent vers le continent africain.

En plein jour, depuis dix heures du matin jusqu'à quatre ou cinq heures du soir, les vanneaux, par centaines, se prélassent sur les bancs de sable et sur les galets au milieu du Rhin. Le soir et le matin, ils tournoient sur les champs labourés les plus voisins du fleuve. Les pluviers sont aussi très nombreux ; les étourneaux foisonnent, et les trois variétés de sternes (hirondelles de mer) décrivent tout le long des rives leurs courbes gracieuses.

Dans la plaine s'étendent d'immenses terrains incultes où les joncs et les herbes paludéennes luttent contre les efforts de l'agriculture pour les convertir en prés productifs. Là, on ne rencontre que vase, argile ou tourbe : terrains toujours favorables au gibier de marais ; vastes remises qui portent dans le pays le nom de *Rieth*. — Dépêchons-nous de parler de toutes ces belles chasses. Dans peu d'années, l'assainissement, l'irrigation, la canalisation, le drainage enfin, puisqu'il faut l'appeler par son nom, auront fait disparaître ces marais miraculeux, où l'on tire trente coups de fusil en les traversant, et où l'on peut en tirer encore trente en revenant sur ses pas.

Nos deux grandes chaînes de montagnes, dont l'une se relie au Jura et l'autre aux Alpes, constituent, par leur direction du sud au nord, un tracé de passe aussi marqué pour les oiseaux de terre que l'est le Rhin pour les habitués des cantons humides. La bécasse, la grive, le merle, etc., passent deux fois l'an dans ces montagnes ou dans la plaine. Outre ces espèces voyageuses, il en est, pauvres exilées des plaines, dont la cruauté des hommes a confiné les débris au haut des montagnes, sur les cimes inaccessibles. Quelquefois cependant de hardis chasseurs tentent cette pénible poursuite, et rapportent avec orgueil une gélinotte ou un coq de bruyère!

Le cerf est rare dans les montagnes; cependant, grâce à la proximité des chasses de M. Chevandier, de Nancy, on tue huit ou dix têtes par an dans les Vosges. Les chevreuils, les renards, les loups et les lièvres abondent dans les deux chaînes de montagnes; mais les belles, les splendides chasses de chevreuils, de faisans, de lièvres, de perdrix, de cailles, se font, sans contredit, dans la plaine. La caille seule est rare dans certains cantons.

Il y a plus, il y a mieux encore : les bords du Rhin couverts de forêts, les îles aux fourrés impénétrables, servent de retraite, surtout sur la rive française, à de belles compagnies de sangliers qui se tiennent dans les nombreuses bauges creusées par les eaux du fleuve.

Ce court aperçu sur la variété et la quantité du gibier doit faire reconnaître que la vallée du Rhin est richement dotée par la nature; mais ce qui la rend, par-dessus tout, chère à notre grand patron saint Hubert, c'est que l'on y suit le seul, le vrai principe de l'aménagement du gibier... le respect du sexe.

Il est encore une autre particularité caractéristique du chasseur en Alsace comme dans le duché de Bade, c'est son esprit d'association qui empêche le morcellement des chasses si funeste au gibier, et lui permet, simple bourgeois, employé ou paysan, de se payer ni plus ni moins qu'un *tiré royal*.

Les Canardières

A quelques kilomètres de Kehl, à peu de distance du Rhin et au milieu d'une immense plaine, il est un endroit où règne constamment le silence le plus absolu. C'est un vaste enclos qui renferme un étang. Aussi loin que peut porter le regard, on n'aperçoit ni chevaux ni voitures; pas de passants, pas de chasseurs. Si, par nécessité, un paysan s'en approche avec sa charrue, il aiguillonne ses bœufs en silence, et les quelques personnes qui y pénètrent prennent toutes sortes de précautions pour passer inaperçues. — Pourquoi cet abandon absolu? pourquoi ce silence lugubre. — C'est que cet endroit est le théâtre de massacres en masse; c'est que les assassins ne veulent pas être dérangés dans leur horrible besogne; c'est qu'il ne faut pas que les victimes soient averties par le moindre signe du danger qui les menace.

Cet enclos est une canardière; ces massacres ont lieu presque journellement, et les victimes en sont d'innombrables canards, attirés par ce silence absolu, garantie menteuse d'une parfaite sécurité!

Ces précautions si grandes ne sont pas exagérées. Le canard est extrêmement défiant : le moindre bruit l'effraye ; la vue d'un homme le met en fuite ; un coup de fusil l'éloigne à jamais [1]. Lorsque, en 1815, les alliés vinrent dans le département du Haut-Rhin, la canardière de Guémar fut ruinée pour deux années. — Deux années de calme complet, il n'en faut pas moins pour donner confiance au canard.

Le canard a non seulement de bons yeux et de bonnes oreilles, il a de plus l'odorat d'une extrême finesse. Un jour, le propriétaire d'une canardière voulut faire assister un ami à une chasse. Ils pénétrèrent dans l'enclos, à pas sourds, par une petite porte habilement masquée. Ils n'avaient pu être ni vus ni entendus, et cependant tout à coup les mille à douze cents canards qui se trouvaient sur

---

1. « On ne dit pas : bête comme un canard, et l'on a parfaitement raison ; car le canard est un animal plein de ressources et de malices; et qui cache parfaitement son jeu quand il a intérêt à le cacher. » (TOUSSENEL, *le Monde des oiseaux*, t. I, p. 277.)

l'étang s'élevèrent en tourbillonnant dans la nue avec un bruit effroyable... L'ami fumait un cigare, et les canards en avaient eu le vent !

Pour venir à bout des canards, il a donc fallu ruser avec eux, et, d'expériences en déceptions, l'on en est arrivé à organiser les canardières telles que je vais les décrire.

La scène se passe non loin de Memprechtshoffen, village situé à deux kilomètres du Rhin.

Là, au milieu d'une zone de terrains dont il est défendu d'approcher, existe un enclos de plusieurs hectares, fermé par des planches. Au centre se trouve un étang carré d'un hectare environ, dont les bords sont garnis d'une cloison de roseaux et plantés d'arbres. Cette disposition permet de circuler autour de l'étang, entre l'enclos de roseaux et l'enclos de planches, sans être aperçus des canards. A chaque coin que forme le carré de l'étang, se trouve un petit canal large de trois à quatre mètres à son embouchure, et qui se termine en pointe à une distance d'environ vingt mètres. Ces canaux sont recouverts de filets, espèces de verveux gigantesques. Les filets, tendus en arcades au-dessus des canaux, se terminent en pointe à dix mètres au delà de l'extrémité du canal, recouvrant ainsi non seulement le canal dans toute sa longueur, mais encore une languette de terre formant entonnoir avec la pointe du filet. De chaque côté des canaux, depuis leur embouchure jusqu'à leur extrémité, sont établies des coulisses en paillassons de roseaux disposées de façon qu'un homme qui se met entre deux de ces coulisses puisse voir jusqu'au fond du canal et du filet, et être vu de là, mais reste invisible à tout ce qui se trouve soit sur l'étang, soit sur la partie du canal entre l'étang et la coulisse où il est posté.

Sur l'étang flânent, dorment, plongent, sifflent ou jabotent de cinq cents à deux mille canards. Au milieu de cette multitude sans défiance, un œil très exercé peut seul reconnaître une quarantaine de canards domestiques. Leur habit est le même, et la grosseur de la tête est le seul signe distinctif de leur domesticité. Cette grosseur particulière de la tête est évidemment produite par la bosse du crime, car ces canards jouent en réalité le rôle de traîtres et d'agents provocateurs:

Leur maître les a dressés à venir manger quelques poignées d'orge au fond de celui des petits canaux d'où part un coup de sifflet. Il a soin de donner ce signal lorsque les canards domestiques se trouvent du côté opposé à lui ou au milieu de la bande des canards sauvages.

Les traîtres alors se mettent tout doucement en route vers le petit canal d'où le coup de sifflet est parti. Ils caquettent tout le long du chemin, cherchant à persuader à ceux qu'ils coudoient de l'aile qu'ils vont faire un brillant festin, et entraînent ainsi les plus inexpérimentés et les plus gourmands.

Accompagnés d'un cortège de trente à quarante malheureuses dupes, ils arrivent à l'embouchure du canal. Mais l'aspect des filets étonne leurs camarades plus sauvages : ils s'arrêtent... C'est là le moment critique ! Comment leur faire franchir ce point fatal ? comment vaincre leur méfiance ?

Le canardier qui, entre nous soit dit, est encore un plus grand traître que ses auxiliaires volatiles, a imaginé un moyen incroyable pour entraîner les canards jusqu'au fond du filet. Ayant remarqué que les canards s'élancent en masse sur l'ennemi commun : renard, fouine, loup, belette, chat..., il s'est avisé du stratagème que voici. Il prend un petit chien qui par son poil ressemble à un renard, et à ce moment critique, le fait paraître aux yeux des canards sauvages, à la hauteur de la coulisse la plus rapprochée de l'embouchure du canal, où la méfiance a arrêté leur pérégrination gastronomique. A cette vue, les canards se précipitent tous vers le petit chien, le bec ouvert et l'aile déployée. Le petit chien est rappelé et se montre aussitôt près de la seconde coulisse. Nouveau mouvement en avant des canards. Ce manége continue sans leur laisser un instant de répit. La méfiance s'efface devant le danger commun, et les canards arrivent ainsi à plus de dix mètres sous le filet. Alors le canardier se hâte de regagner la première coulisse. Là, il se montre : les canards de l'étang ne le voient pas, ceux du canal l'aperçoivent, s'élèvent à quelques pieds au-dessus de l'eau et s'enfoncent toujours de plus en plus dans la nasse. Le canardier les suit de coulisse en coulisse, jusqu'à ce que tous les canards se trouvent refoulés dans l'entonnoir formé par le filet et la languette de terre qui s'étend au delà de l'extrémité du canal. D'ordinaire, une trentaine de canards se trouvent ainsi pris, et il ne reste plus qu'à détacher l'extrémité mobile du verveux pour les envelopper et leur tordre le cou un à un.

Chose inconcevable! ce massacre s'accomplit sans que les victimes poussent un cri. Il faut croire que la frayeur leur ôte la voix. Le silence n'est pas troublé même par un gémissement ; et à quelques pas de là deux mille canards ne se doutent pas que trente des leurs sont odieusement égorgés. Aussi, dix minutes après, le canardier recommence le même tour.

Mais, nous dira-t-on, que deviennent dans cette bagarre les canards domestiques? — Ils s'arrêtent sagement à l'extrémité du canal, mangent sans remords l'orge qu'on y a jetée, et justifient ainsi, une fois de plus, le proverbe qui dit que la vertu trouve toujours sa récompense.

La chasse se fait dans l'un ou l'autre des quatre canaux, selon le vent, selon la position des canards domestiques, selon la disposition des canards sauvages à se porter vers telle ou telle direction. Très souvent, les meilleures combinaisons stratégiques sont déjouées, et quelquefois les bonnes chasses se font à mauvais vent. Cela s'explique facilement. Lorsque les canards n'ont pas le vent du côté où on les attire, la chasse, relativement au chasseur, se fait à bon vent, et pourtant les canards se montrent méfiants. C'est qu'ils comprennent parfaitement que, dans ces conditions, un ennemi peut se trouver tout près sans que le vent leur en apporte le sentiment. Au contraire, quand le vent vient vers eux du côté où ils se dirigent, le chasseur se trouve à mauvais vent, et cependant la chasse réussit souvent fort bien, parce que les canards s'avancent de confiance, persuadés que la moindre brise leur apportera l'avertissement du danger.

La chasse est quelquefois contrariée par la présence d'oiseaux de proie qui planent dans les airs. Alors il est impossible d'attirer les canards vers les petits canaux. Ils se serrent les uns contre les autres au milieu de l'étang, chacun espérant dissimuler son individualité dans la masse compacte de tous les canards réunis.

Dans une bonne canardière, l'on prend de cent à deux cents canards par jour. Les principales sont celles de Guémar, dans le département du Haut-Rhin, celle de Memprechtshoffen, que je viens de décrire, et celle des environs de Carlsruhe. Celle de Guémar produit jusqu'à dix mille canards par an ; les deux autres de deux à cinq mille. Cette différence provient de ce que celle de Guémar est la plus isolée, la plus silencieuse.

Il existe encore d'autres canardières moins importantes. Je citerai une espèce de canardière que l'on voit en assez grand nombre sur les îlots de sable que le Rhin laisse à nu en hiver. Un grand filet, en forme de natte, est étendu sous l'eau et peut se fermer au moyen d'une corde. Autour de ce filet, on place des morceaux de bois figurant de loin des canards. A quarante pas de ce piège se trouve une petite hutte en roseaux dans laquelle se cache le canardier en compagnie d'une douzaine de canards privés. Dès qu'une bande de canards sauvages est attirée par l'aspect des faux canards, il lâche les canards domestiques, qui vont tournoyer en l'air, en jetant des cris d'appel. Cette conversation aérienne se prolonge pendant quelque temps, puis les canards domestiques piquent droit vers le filet, près duquel ils ont l'habitude de trouver leur pâture. Quelques canards sauvages s'égarent toujours sur l'endroit dangereux. Le canardier tire la ficelle, leur tord le cou et ramène les canards privés dans la hutte pour recommencer le même manège au premier vol qu'il apercevra. Cette chasse peut produire jusqu'à quinze canards par jour, et l'on compte une trentaine de canardières de ce genre dans la vallée du Rhin.

La chasse au moyen des canardières fournit un contingent assez considérable à l'alimentation publique, le mode de capture est original et même dramatique, et, à tous ces titres, les canardières méritaient de faire parler d'elles.

Grande Battue de Lièvres
En Plaine

En Alsace et dans le duché de Bade, le gibier est si abondant qu'il faut nécessairement recourir quelquefois à de grandes battues, tant en forêt qu'en plaine. Les traques en forêts offrent l'avantage de la variété du gibier, mais aussi le chasseur, posté contre le bois, n'aperçoit qu'une faible partie du champ de bataille; il entend les coups de fusil sans pouvoir les juger; le plus magnifique coup double n'est apprécié que par ouï-dire, et chacun est cru plus ou moins sur parole. En plaine, il en est tout autrement. Le décor est reculé jusqu'à l'horison. Tous les acteurs du drame cynégétique sont en scène. Là, point de réputation d'habileté sans preuves positives. Tous les coups sont vus, applaudis ou sifflés. Égalité parfaite! Entre chasseurs, de quelque rang qu'ils soient, il n'y a d'autres supériorités que celle de l'adresse dans le tir. Les rabatteurs eux-mêmes se permettent de crier bravo aux beaux coups et de murmurer pour chaque lièvre qu'ils se sont donné la peine d'offrir aux coups des chasseurs, et que les chasseurs ont eu la maladresse de manquer.

Une battue de lièvres se fait d'ordinaire dans une plaine d'une demi-lieue carrée. Sur trois côtés, elle est cernée par quarante à cinquante chasseurs, qui se cachent derrière les arbres ou dans les replis du terrain. Du quatrième côté s'avancent une centaine de rabatteurs, gamins de douze à quinze ans, ardents au métier, poussant des hurlements sur tous les tons, agitant des bâtons, et flanqués de quelques gardes qui dirigent le mouvement.

La battue commence. Les premiers coups de fusil se font entendre. Les lièvres les plus méfiants cherchent à forcer l'enceinte meurtrière et payent cher leur audace. D'autres, plus prudents, se tiennent au milieu de l'enceinte. Pour juger la position, ils se mettent sur leur séant, à la façon des caniches que l'on pose en faction (cela s'appelle faire le bonhomme ou la chandelle). Ils piétinent des pieds de derrière, agitent les pieds de devant, dressent les oreilles et regardent à droite et à gauche. Sans doute qu'ils cherchent à distinguer parmi tous ces ennemis qui les entourent quels sont les tireurs maladroits; et, il faut bien le dire, souvent ils devinent juste. Ils forcent l'enceinte près des novices, et c'est peut-être de là que vient le proverbe : Aux innocents les mains pleines ! Quelquefois cependant leur perspicacité est en défaut, et alors, ne sachant quel chemin prendre, ils tournent au milieu de l'enceinte, courent six ou sept à la file, essuient quelques grains de plomb envoyés de trop loin, se dressent de nouveau sur leurs pieds de derrière; enfin, croyant avoir reconnu un point non gardé, une issue libre, ils se précipitent dans cette direction. Mais à peine sont-ils parvenus à la hauteur de la ligne des tireurs, qu'un vieux chasseur, praticien émérite, se dresse à dix pas devant eux, les met en joue froidement, et alors, soit qu'ils rebroussent épouvantés, soient qu'ils forcent la ligne, une détonation se fait entendre, et une mitraille de plomb vient les frapper d'un coup mortel.

Cependant les rabatteurs s'avancent. Leur ligne se rapproche de plus en plus de celle des chasseurs ; ils n'en sont plus qu'à deux ou trois cents mètres. L'émotion alors est à son comble. Déjà une centaine de coups de feu ont retenti. Les chasseurs chargent, tirent et rechargent. Les lièvres perdent la tête. La dernière scène commence : le massacre final s'accomplit. De cinquante à cent lièvres sont là, en vue, au milieu de ce petit espace, cherchent une issue, hésitent, s'avançent, rebroussent; le feu continue, les traqueurs se rapprochent en hurlant; enfin, les malheureuses bêtes se décident ; elles franchissent la ligne fatale; le feu converge sur elles ; le plus grand nombre tombe sur le coup pour ne plus se relever ; d'autres s'en vont mourir à quelque cent mètres plus loin : quelques-uns enfin, les chançards, parviennent à se sauver poil net.

Autrefois les grandes battues de plaine se faisaient en temps de neige. Alors on voyait les lièvres venir de loin. L'attente était plus longue, et partant l'émotion plus forte. Aujourd'hui, en France, les battues en plaine sont défendues en temps de neige par les arrêtés préfectoraux. Sans doute, cette interdiction donne un peu de répit au gibier, mais l'on peut dire que les récoltes souffraient moins lorsque les battues avaient lieu en temps de neige. Ce ne sont pas les battues qui, en temps de neige, sont plus spécialement destructives du gibier, c'est la chasse au chien courant et surtout le braconnage au bâton, parce qu'alors le lièvre se laisse assommer dans le gîte qu'il s'est creusé au milieu de la neige.

En Alsace, les plus belles battues de plaine étaient celles que l'on faisait dans les chasses de M. Humann. A Düppigheim (Bas-Rhin), l'on a tué en un seul jour trois cent trente-trois lièvres. Dans le grand-duché de Bade, à Kappel, feu M. Vœlcker permettait à ses invités de massacrer jusqu'à six cents lièvres en deux jours.

Quant aux accidents, ils ne sont pas aussi fréquents qu'on pourrait le penser. Les chasseurs ont l'expérience des battues. Jamais l'on ne tire en ligne. Au commencement de la battue, on tire dans l'enceinte, les traqueurs étant encore au loin. Quand il gèle, l'on recommande de faire plus spécialement attention, de peur des ricochets. Vers la fin, on laisse les lièvres franchir l'enceinte, les chasseurs font volte-face et les atteignent au moment où déjà ils se croient hors de danger.

Chasse de la Caille verte

La caille aime les climats tempérés. Il paraît que ses poumons délicats ne supportent ni les grandes chaleurs ni les grands froids. Elle fuit l'ardeur des tropiques au commencement de mai pour venir passer l'été en France et en Allemagne; puis elle s'en retourne vers la fin du mois d'août, de peur de s'enrhumer dans les brouillards du Rhin. Il est fort probable que la caille a un autre motif encore pour régler ainsi les époques de ses migrations. Par ses relations avec le chien d'arrêt, elle a dû apprendre que la loi de 1844 a eu la lumineuse idée de rayer les cailles du nombre des oiseaux de passage, et qu'ainsi elle est à l'abri de tout danger jusqu'au 25 août pour le moins.

En Alsace, les cailles émigrent déjà dans la première quinzaine d'août, car la grande variété des cultures du pays ne laisse que très peu de guérets et d'abris. Il faudrait pouvoir chasser les cailles pendant les mois de juillet et d'août, comme l'on fait des canards et des bécassines. Mais la loi existe; elle est dure, il faut la respecter, sauf à donner par-ci par-là quelques coups de fusil dans ses prohibitions.

Dans le grand-duché de Bade, les législateurs sont beaucoup plus au courant des habitudes du gibier. Ils n'ont pas commis la maladresse de déclasser la caille; ils ont permis de la chasser en tout temps et de toutes manières.

Une des chasses les plus curieuses que nous ayons vues dans ce pays, c'est la *chasse de la caille verte*, ainsi nommée parce qu'elle se fait pendant les mois d'avril et de mai, au moment de la verdure naissante.

Le chasseur à la caille verte passe généralement pour un homme très vertueux, car il aime à voir lever l'aurore. Dès que l'aube répand ses pâles clartés, il se rend dans les parties de la campagne où abondent les blés verts, les sainfoins, les luzernes, les prés. Il écoute, et bientôt il entend de tous côtés la voix sonore de la caille mâle, qui dit très distinctement la phrase cauchemardante des pauvres débiteurs : *paye! — tes! — dettes!* — Il déploie alors un léger filet de soie, formant un carré d'environ trois mètres. Il l'étend doucement sur les tiges des blés ou des herbes. Puis il va se poster à une dizaine de pas, de façon à mettre autant que possible le filet entre lui et l'endroit d'où part le chant des cailles. Enfin il prend dans son sac un appeau composé d'un sifflet et d'une bourse. Le sifflet est fait avec l'os de la cuisse d'un mouton, que l'on a poli intérieurement et extérieurement. Sa longueur est de trois à quatre centimètres ; les deux extrémités sont bouchées avec des morceaux de liège auxquels on laisse un vide pour le passage de l'air. Sur le côté du sifflet est un trou rond qui se trouve placé entre les morceaux de liège bouchant les extrémités de l'os. La bourse doit faire soufflet et fournir au sifflet l'air nécessaire pour produire le son désiré. Elle est en peau de chat ou de lapin, plate, plus longue que large, et remplie de crin frisé. Elle est cousue à points très serrés et son orifice est fortement attaché au sifflet. Pour faire usage de cet appeau, on le place entre le pouce et l'index de la main gauche ; avec le dos du pouce de la main droite l'on frappe doucement sur la petite bourse et on lui fait produire ainsi un son particulier.

Aussitôt que les cailles entendent les sons de l'appeau, elles se rapprochent en piétinant entre les tiges ; lorsque le chasseur a reconnu qu'il s'en trouve une dizaine sous le filet, il lance une motte de terre pour les effrayer. Les cailles veulent s'envoler, et se prennent dans les rets du filet; il ne reste plus qu'à leur tordre le cou.

Comment en est-on arrivé à inventer un procédé aussi extraordinaire ? Serait-ce donc que les cailles se laisseraient séduire par la musique, comme autrefois les navigateurs par le chant des sirènes ? Sont-elles mélomanes au point d'oublier toute prudence et de se jeter tête baissée dans le filet ?

Hélas ! ce n'est pas la musique, mais l'amour qui les perd ; l'amour qui a perdu Troie, et qui en perdra encore bien d'autres ! Dans l'espèce des cailles, les mâles sont beaucoup plus nombreux que les femelles ; il en résulte naturellement que celles-ci sont très fort recherchées par ceux-là, et lorsque le matin une femelle oubliée fait entendre un cri d'appel, aussitôt une douzaine de célibataires se précipitent pour solliciter ses faveurs.

L'appeau doit imiter exactement le cri d'amour de la femelle, et il faut une étude longue et difficile pour arriver à l'imiter à la perfection. Heureux celui qui y parvient, car bientôt son carnier sera rempli des imprudents qui se sont laissé tromper. Mais, si l'imitation n'est pas parfaite, la caille se méfie; elle s'arrête, et, renonçant à ses projets de conquête, elle s'enfuit aussi prestement qu'elle était venue.

J'ai vu d'adroits chasseurs prendre, par ce moyen, des cailles par douzaines. Un vieux braconnier possédait le talent de l'imitation à ce point qu'au mois d'octobre il parvenait encore à réveiller les passions des mâles, malgré les habitudes de paresse que l'obésité leur fait contracter à cette époque.

Cette chasse à l'appeau n'a vraiment aucun inconvénient, car les mâles seuls s'y laissent prendre. Les femelles sont en trop petit nombre et, par conséquent, trop recherchées pour avoir besoin de courir après les amoureux.

Quand, par exception, l'on prend une femelle, ce ne peut être qu'une vilaine jalouse venue sous le filet pour dévisager l'impudente rivale qui se permet d'attirer son époux de tout à l'heure. S'il est à désirer que la vertu trouve toujours sa récompense, il est à regretter que la jalousie, cet horrible défaut, ne trouve pas plus souvent une pareille punition.

Une Chasse au Blaireau

Le blaireau est une pauvre bête qui ne fait de mal à personne et qui ne demande qu'à dormir. Il se nourrit de larves, de baies sauvages et de mûres ; sa chair n'est pas mangeable et cependant l'homme lui fait une guerre d'extermination. Pourquoi vouloir détruire un animal utile et inoffensif ? Faute de bonnes raisons, l'on a imaginé de dire que le blaireau mange les vignes. N'en croyez rien. Il est vrai que le blaireau recherche les vignobles, mais c'est tout simplement pour y trouver une retraite plus sûre et afin d'échapper aux poursuites des hommes. Il y avait chez nous des blaireaux bien avant que les Gaulois, pour satisfaire une funeste passion, eussent songé à cultiver la vigne. Ce n'est donc là qu'un prétexte, et le motif réel, il importe de le faire connaître.

Ce motif, c'est le sybaritisme de l'homme, qui a voulu utiliser, pour son agrément, le poil du blaireau, poil blanc à l'extrémité noire, poil très fin, très tendre, très souple. Vous allez croire qu'il s'agit de quelque objet de toilette féminine. Non, je le déclare hautement, le beau sexe n'est pour rien dans la destruction du blaireau. C'est le sexe laid qui se sert de ce poil, et il s'en sert précisément pour paraitre moins laid.

Autrefois les figaros faisaient, avec la main, mousser le savon dans le plat à barbe, et c'est avec les doigts qu'ils étendaient la mousse sur la figure de la pratique. Aujourd'hui tout le monde se savonne la barbe avec un épais pinceau, dont les poils soyeux viennent délicatement caresser le menton. Mon Dieu, oui! le blaireau sert à faire des pinceaux, des pinceaux à barbe surtout. C'est pour confectionner des savonnettes que l'on extermine le blaireau. A quoi tiennent les destinées! Si l'homme n'avait pas inventé la ridicule mode de se raser la figure, s'il avait laissé croitre sa barbe, s'il n'avait pas la prétention de corriger l'œuvre de la nature, nous verrions encore dans nos campagnes le blaireau qui, loin d'être un ennemi, est un auxiliaire de l'homme. Il y aurait bien, par-ci par-là, un peu de terre fouillée, mais il n'arriverait pas que des récoltes entières fussent dévorées par le ver blanc, qui constitue le mets de prédilection du blaireau.

Malheureusement, tout ce que je puis dire en faveur de cette espèce persécutée ne servira à rien. Les hommes continueront à se raser pour avoir l'air efféminé, et je ne suis pas éloigné de croire qu'ils ont ainsi l'air qu'ils méritent. Cependant je tiens à constater, à l'éloge de la victime, qu'elle pratique des vertus que ses destructeurs ne possèdent pas toujours. Lorsqu'un blaireau devient vieux, que ses ongles puissants sont usés, que ses crocs sont émoussés, qu'il ne peut plus subvenir à ses besoins, les autres blaireaux du canton, plus jeunes et plus ingambes, pourvoient à sa nourriture et la lui apportent dans son terrier. Des traits pareils méritent quelques égards, mais l'homme n'en a pas tenu compte et continue à tuer les blaireaux et à leur couper les poils, afin de pouvoir se les couper plus doucement à lui-même.

Après avoir rempli un devoir de haute moralité, en disant le fond de ma pensée sur cette pauvre bête, je veux raconter la fin lamentable d'un vieux blaireau, auquel les chasseurs avaient donné le surnom d'ermite de la forêt de Schirrhein.

Des deux côtés du Rhin, s'étendent de vastes plaines couvertes d'antiques forêts. En Allemagne et en France le sol est le même : les forêts de Sandweyer et de Haguenau présentent le même aspect.

Cette dernière, cependant, a plus d'étendue, car elle mesure huit lieues de long. Les arbres sont vieux et robustes, et parmi eux l'on remarque le doyen des chênes de la contrée, qui remonte tout au moins à l'époque des croisades. La partie la plus belle de cette forêt constitue le canton de Schirrhein. C'est là que s'est passé le petit drame dont je tiens le récit de mon ami F...., chasseur intrépide et partenaire de la chasse de ce canton.

Dernièrement il chassait la bécasse dans la forêt de Schirrhein, lorsqu'il entendit un bruit de pioches dans un ravin voisin. C'était un dimanche. Croyant rencontrer des maraudeurs, il s'approcha et reconnut trois paysans du village, le père et les deux fils, qui s'évertuaient à fouiller un terrier. En se promenant le matin, un petit chien-loup, qui les accompagnait, était entré dans ce terrier et avait donné de la voix avec rage. Ils conclurent à la présence d'un renard dans le logis souterrain, et les fils étant allés quérir les outils nécessaires, le père avait fait sentinelle. Puis l'opération avait commencé, et l'on avait déjà creusé une assez forte tranchée. A ce moment, le petit chien ressortit ensanglanté, mais à peine eut-il respiré un peu d'air et secoué la terre qui remplissait sa longue fourrure, qu'il rentra dans le terrier avec une nouvelle ardeur, et à ses aboiements successifs, inquiets et menaçants à la fois, l'on reconnut que la bête lui tenait tête. Le vieux paysan colla l'oreille contre le terrier, et bientôt se releva, en disant gravement à mon ami F.... : « Monsieur, nous n'aurons pas fini de sitôt ; ce n'est pas un renard qui tient tête à mon chien, c'est bien le grognement d'un blaireau que j'entends. — Mes enfants, à l'ouvrage, ajouta-t-il, en s'adressant à ses fils, nous avons un rude compagnon à dénicher.... » Le petit chien ressortit avec une nouvelle blessure. Le blaireau profita de ce moment de répit pour creuser plus avant, en rejetant la terre derrière lui. Mais le petit chien, que ses maîtres suivaient à coups de pioche, enlevait ce nouvel obstacle, et la poursuite continuait, sans que l'on pût gagner sur le fuyard.

Mon ami retourna au village, et vers huit heures du soir, il demanda des nouvelles des fouilleurs. « Ils sont encore là-bas », lui fut-il répondu. — « Mais il fait nuit ? » — « Oh, Monsieur, ils ont « des chandelles. » — La curiosité de F.... fut piquée par tant de persévérance ; il prit son fusil, et, accompagné du garde, il retourna au bois. De loin, il aperçut la lueur des deux chandelles qui ressemblaient à des feux-follets, et les trois paysans, capricieusement éclairés, figuraient assez bien des gens en train de conjurer le diable pour la découverte d'un trésor.

Ils n'avaient pas cessé de piocher, oubliant de manger et se contentant de quelques petits verres de kirschwasser pour se donner des forces. Cependant le découragement commençait à se peindre sur leurs visages. Le blaireau, vieux madré de l'espèce, les avait déjoués, en passant sous les tranchées, en changeant de direction, tantôt horizontalement, tantôt verticalement. Vingt mètres de tranchée étaient creusés, ayant à certains endroits jusqu'à un mètre cinquante centimètres de profondeur.

Enfin, vers dix heures et demie, le petit chien, qui était dans un véritable délire, donna de nouveau, et le vieux paysan reconnut bientôt que la petite bête était face à face avec son ennemi acculé. Dès lors, le blaireau, occupé de son adversaire, était obligé de suspendre ses travaux de mineur, et l'on pouvait gagner sur lui. L'on donna les chandelles à un gamin qui avait apporté les vivres encore intacts. Le père exhorta ses fils, et l'on se remit à piocher. A onze heures, l'on était à un pas du blaireau. L'un des fils alla chercher la fourche, dont on a toujours soin de se munir pour saisir les animaux que l'on fouille, et alla se placer au haut de la tranchée, prêt à enfourcher le blaireau par la tête et le maintenir ainsi jusqu'à ce qu'il fût assommé.

A ce moment il se fit un tumulte affreux, les lumières s'éteignirent, les travailleurs culbutèrent, le petit chien hurla, mon ami lui-même fut saisi d'épouvante. Le garde eut la présence d'esprit de rallumer la chandelle, et lorsque l'on put voir clair sur ce champ de bataille, l'on reconnut heureusement qu'il n'était rien arrivé de fâcheux à personne. Voici ce qui s'était passé. Le blaireau, mal enfourché, était parvenu à se dégager, avait chargé ses assaillants, renversé le père, culbuté les fils, éteint les lumières. Sans doute, il s'était échappé et douze heures de fatigue étaient perdues. Mais non! Le petit chien se remit de plus belle à japper contre le terrier. Le blaireau, ne pouvant pas gravir les bords escarpés de la tranchée, était rentré dans son trou. Grande faute, hélas! car dix minutes plus tard la fourche fatale l'étranglait de nouveau. Ses cruels adversaires lui passèrent un pieu à travers le cou, le soulevèrent pour le laisser retomber dans un sac qu'on lui noua comme un peignoir au-dessous de la tête. Alors commença une marche triomphale. Le gamin portait les chandelles, le père suivait avec les outils, les deux fils traînaient la victime encore vivante, mon ami F.... et le garde fermaient la marche. Les paysans chantaient, la nuit était noire, et ce cortège avait quelque chose de vraiment fantastique, en se dirigeant ainsi vers le village, sous les ramures dénudées des chênes. Il était près de minuit, quand l'on rentra. L'on mit le sac à terre, et le blaireau, qui pesait plus de quarante livres, fut achevé à coups de trique.

Aujourd'hui peut-être quelque peintre, avec ou sans talent, blaireaute son ciel avec les poils de la pauvre bête, sans se douter de la défense héroïque qu'elle a faite et de l'agonie atroce qu'elle a subie.

Le Braconnage au bâton

En Alsace, et même dans le duché de Bade, les grandes chasses seigneuriales sont rares. Le morcellement des terres a énormément augmenté depuis cinquante ans, et, pour constituer de belles chasses, il a fallu qu'il se formât des sociétés de chasseurs qui louent, souvent fort cher, le droit de chasse sur les biens communaux, et qui obtiennent la permission des particuliers moyennant de légères indemnités.

Ces sociétés tiennent à honneur de ménager leurs chasses. En fait de chevreuils et de faisans, elles ont pour principe de ne tirer que les broquarts et les coqs, et cette prescription est sanctionnée par des amendes contre les contrevenants.

Malheureusement les lièvres sont tirés sans distinction de sexe, car, jusqu'à présent, l'on n'a pu trouver d'autre moyen de distinguer les mâles des femelles que celui que les vieux chasseurs enseignent aux novices : « Quand c'est un lièvre, *il* court ; — quand c'est une hase, *elle* court !!... »

Cependant ce n'est pas cette difficulté de respecter les hases qui cause grand dommage à une chasse. Les chasseurs ont toujours un canton de réserve où les lièvres peuvent croître et se multiplier, et ils profitent largement de la permission.

S'il arrive parfois qu'une société de chasse extermine le gibier en masse, c'est qu'elle se trouve à la veille de l'expiration d'un bail qu'elle n'a pas l'espoir de faire renouveler, parce qu'une société rivale doit pousser les enchères à un chiffre exorbitant. Mais, hors ce cas, les chasseurs ménagent le gibier, et si certains cantons sont dépeuplés de lièvres, ce n'est pas grâce aux coups de fusil, mais grâce aux coups de bâton.

Le braconnage s'exerce partout et de cent manières différentes, mais un des modes les plus destructeurs est certainement le braconnage au bâton. Dans les chasses où le lièvre abonde, un braconnier au bâton peut tuer plus de cent lièvres par an, sans aucun risque d'arrestation ou de condamnation.

Cela vient de ce que les moyens employés sont très simples, qu'ils n'exigent aucun appareil, et qu'ils sont calculés sur une longue expérience des habitudes du lièvre. Je n'ai pas la crainte que la description de ces moyens fasse tuer un lièvre de plus, car les braconniers ne lisent pas les journaux et, en fait de ruses, il n'y a rien à leur apprendre ; mais je pourrai peut-être rendre service aux propriétaires des chasses et aux gardes en dévoilant ce mode illicite de capture du gibier.

Le braconnage au bâton s'exerce quand le lièvre *tient*. On dit que le lièvre tient quand il ne fuit pas à l'approche de l'homme. Généralement, le lièvre tient lors de l'ouverture de la chasse, parce que pendant plusieurs mois il a vécu dans une quiétude parfaite ; il tient quand il fait très chaud, quand il a neigé, quand les champs sont détrempés par la pluie, parce qu'il comprend que dans ces conditions il a peu de chances de se sauver au moyen de ses pattes. Alors il se blottit dans sa forme (ou son gîte), espérant rester inaperçu de ses ennemis par son immobilité et à la faveur de son pelage fauve qui le fait confondre avec le sol. Quand le lièvre tient, l'on peut tourner vingt fois autour de lui, l'approcher à deux pas sans qu'il bouge, sans qu'il sourcille. Il semble cloué au sol, et son bel œil noir et rond, qui dévisage le braconnier, est le seul signe d'une existence désormais gravement compromise.

C'est l'observation de ces habitudes du lièvre qui a fait inventer le braconnage au bâton.

Après avoir reconnu un lièvre dans son gite, le braconnier s'éloigne pour aller prendre son bâton; il revient en marchant hardiment jusqu'à vingt pas environ du lièvre, puis il oblique soit à droite, soit à gauche, et tourne autour du gite en rétrécissant le cercle qu'il décrit jusqu'à ce qu'il n'en soit plus qu'à deux pas. Alors le braconnier frappe le lièvre sur la nuque, et, si l'animal ne reste pas mort sur place, le bâton, lancé avec adresse, lui casse les pattes de derrière au moment où il va gagner le large.

D'autres fois les braconniers se mettent à deux pour chasser. L'un d'eux s'avance hardiment vers le lièvre au gite, le dépasse, et, pendant qu'il attire ainsi l'attention anxieuse de la pauvre bête, le complice s'approche d'elle inaperçu et l'assomme.

Ce sont là les procédés primitifs; mais la crainte des gardes, de l'amende et de la prison, a fait apporter à ce mode de braconnage de grands perfectionnements.

Avant tout, il s'agissait de ne pas être soupçonné; puis, ce qui était plus important, de ne pas être vu; enfin, ce qui était essentiel, de ne pas être pris.... le lièvre dans le sac.

Les braconniers au bâton ont soin de choisir pour théâtre de leurs coupables exploits une vaste plaine sans accidents de terrain, sans bouquets d'arbres qui pourraient servir de cachette à un garde trop zélé. Ils portent d'ordinaire sur l'épaule gauche une pioche ou quelque autre instrument aratoire, affectant ainsi d'aller travailler aux champs. Ils possèdent plusieurs bâtons qu'ils cachent en différents endroits du canton qu'ils exploitent, sous les feuilles de choux ou la verdure des buissons. Jamais on ne leur voit un bâton à la main. Quand ils ont aperçu un lièvre au gîte, ils vont chercher le bâton le plus proche. A ce bâton est attachée une ficelle qui permet de le laisser trainer dans les herbes et les sillons, et au moyen de laquelle le braconnier ramène vivement le bâton dans la main quand il s'agit de porter au lièvre le coup mortel.

A quinze pas, l'œil le plus exercé ne distingue rien de particulier dans l'allure de cet homme, et, si une rencontre est inévitable, le braconnier desserre les doigts, lâche la corde, et le bâton compromettant reste couché dans les hautes herbes. Dans cette industrie, comme dans beaucoup d'autres, l'on ne voit pas la ficelle.

Quand le braconnier a tué le lièvre au gîte, il

ne se baisse pas pour le ramasser, il continue son chemin et va cacher son bâton. Après avoir fait un grand détour, et s'être bien assuré que personne ne l'observe, il revient au gîte mortuaire, il prend son lièvre et le transporte dans quelque cachette tout près d'un chemin. Ce n'est qu'à la nuit tombante qu'il y retourne pour mettre le lièvre dans un sac et le porter chez lui. A ce moment il ne risque plus rien ; il se trouve sur une route fréquentée, et le garde lui-même, s'il le rencontrait, ne songerait pas à lui demander ce qu'il porte dans son sac, d'autant moins que ce sac n'est pas taché de sang, puisque la mort du lièvre remonte déjà à plusieurs heures.

Ainsi perfectionné, le braconnage au bâton est certainement le moyen le plus facile de prendre les lièvres, le moyen le moins compromettant et le plus productif. Ce genre de braconnage fait le désespoir des gardes.... quand ce ne sont pas eux-mêmes qui le pratiquent !

La Chasse au Coq de bruyère

Au mois d'avril, alors que le chasseur français a mis son fusil aux crochets et se repose forcément, le *Weidmann* badois peut encore se livrer à sa passion. Depuis février, il est vrai, les lièvres sont, de par la loi, à l'abri de ses coups, mais la bécasse peut se chasser pendant tout le temps de la passe, et la date fatale du 10 avril n'a aucune signification prohibitive dans le grand-duché de Bade. Mais ce qui surtout doit exciter l'envie de tous les disciples de saint Hubert, c'est que pendant le mois d'avril le chasseur peut, dans ce fortuné pays, se donner les bienheureuses fatigues et les délicieuses émotions de la chasse au coq de bruyère.

Cet oiseau magnifique, qui a presque complètement disparu des forêts de la France, existe encore, par compagnies, sur les plus hautes montagnes de la Forêt-Noire. Inutile ici de parler de son plumage et de son ramage, car chacun connait la charmante description que Toussenel, dans son *Monde des oiseaux*, a faite du coq de bruyère, qu'en vertu de l'analogie passionnelle, il appelle : Fou d'amour!

Ce surnom, que bien des hommes voudraient se faire donner par l'objet de leur flamme, n'est que trop bien mérité par le coq de bruyère. Au printemps, pendant la durée de ses extases amoureuses, il chante à tue-tête, il appelle par des notes suraiguës les poules des alentours, il oublie toute prudence, il n'entend pas le chasseur qui s'approche, il ne voit pas le fusil qui brille, et il meurt dans l'impénitence finale de son délire érotique.

L'homme est une méchante bête qui profite de ce qu'il y a de bon dans les autres animaux pour leur faire du mal. Le chasseur a espionné les habitudes du coq de bruyère, il a reconnu que les transports de l'amour troublent sa vue et bouchent ses oreilles, et, sans pitié, il vient jeter un plomb mortel au milieu de ces chants d'allégresse et de ces rêves de bonheur.

Hélas ! moi aussi, je me suis laissé entrainer par cet attrait irrésistible qu'offre la chasse à tous ceux qui ont mordu à ses émotions si diverses. Quand une mouche bourdonne à ma vitre, je suis incapable de la tuer ; j'ouvre la fenêtre et je la prie de sortir. Cependant, je l'avoue à ma honte, à la chasse je suis impitoyable, je tue tout ce qui se présente, à moins que je ne manque, ce qui arrive encore très souvent et fort heureusement pour ma conscience, obligée de me condamner en cas de succès, mais toujours avec admission de circonstances atténuantes.

J'avais donc accepté une invitation d'aller chasser le coq de bruyère (en allemand, *Auerhahn*) dans les montagnes qui encaissent le cours de la Murg, près de Gernsbach. Dès la veille, il fallut partir et passer la nuit dans une misérable hutte, sur un lit de feuilles sèches, peuplé de puces d'autant plus sanguinaires qu'elles sont moins habituées à rencontrer des épidermes délicats.

Avant l'aurore, nous étions sur pied. Le garde nous fit gravir le sommet de la montagne, à travers les ronces et les rochers. Puis nous nous tinmes aux écoutes. Quelques instants s'étaient écoulés dans le plus complet silence, quand soudain le chant du coq retentit, et je reconnus combien la description de Toussenel est exacte : « Le coq de bruyère débute par un violent coup de tam-tam assez semblable au gloussement du dindon. Cette note détonnante est immédiatement suivie d'un feu de file d'autres notes grinçantes, stridentes et criardes, douces au tympan comme le gémissement d'une scie qu'on écorche. Après quoi le chanteur s'arrête, pour reprendre haleine d'abord et ensuite pour juger de l'effet de ce premier morceau, et puis il recommence. »

Il s'agissait d'avancer à portée de fusil pendant que l'oiseau amoureux exécutait ces roulades exagérées dont le bruit assourdissant devait couvrir celui que nous ferions en nous frayant un passage à travers le taillis. La difficulté consiste à s'arrêter avant la dernière note de chaque couplet, sous peine de voir le coq effarouché s'envoler à tire-d'aile.

J'exécutai la manœuvre et, m'étant cogné le genou contre un rocher, je m'arrêtai précisément à l'instant fatal. L'oiseau recommença et je m'avançai si bien que je l'aperçus fièrement campé sur une des plus hautes branches d'un énorme sapin. Tremblant d'émotion, je mis en joue : le coup partit, réveillant au loin les échos des montagnes, et le coq.... vole encore !

Chasse
du Renard aux Terriers

Dans les derniers jours d'avril, nous partîmes pour aller fouiller des renards dans un charmant bois de sapins, près du village de Sandweier.

Le terrier, que le garde avait reconnu et qu'il avait fait surveiller depuis le matin pour empêcher la fuite des renards, père et mère, se trouvait par exception dans un terrain absolument plat, car les renards ont coutume de creuser leurs terriers sur le revers de quelque accident de terrain, afin d'opposer une couche de terre plus épaisse à ceux qui voudraient violer leur domicile. Nous reconnûmes bientôt que c'était la légèreté et la mobilité du sol en cet endroit qui avait dû décider les renards à y creuser leur demeure conjugale et le berceau de leur progéniture. Du reste, c'était un ancien terrier que l'on avait fouillé deux ans auparavant.

Quatre hommes, deux gardes et deux paysans,

nous attendaient. Ils étaient armés de pelles et de pioches pour creuser le sol; de haches, pour couper les racines qui feraient obstacle. Autour de nous sautaient et frétillaient six bassets noirs marqués de feu, gros comme le poing, mais pleins d'ardeur, et disant leur impatience par ces notes suraiguës qui forment la voix de fausset particulière à cette espèce.

Nous fîmes entrer d'abord une chienne du nom de Valdine, petite vieille aux jambes torses et aux vives allures. A peine dans le terrier, elle donna de la voix : puis un silence ; bientôt on l'entendit de nouveau, mais le son était affaibli, comme s'il sortait à cent pieds de dessous terre. C'est un bien curieux effet d'acoustique que celui produit par le grognement d'un petit basset qui rampe sous le sol, à une profondeur de deux mètres et à vingt pieds de l'orifice du terrier.

On lâcha un second, puis un troisième basset, et l'on se tint aux écoutes, tous couchés sur le sol et l'oreille dans la mousse. Chacun donna son avis et on se décida à ouvrir la tranchée de manière à couper la ligne que suivait le terrier, à une dizaine de pas de son orifice, direction que l'on reconnut par l'endroit d'où partait la voix des chiens. Pendant que les quatre hommes étaient occupés à creuser, l'un des bassets ressortit avec un levraut, échantillon du garde-manger que la sollicitude des parents renards avait établi dans leur demeure souterraine. Le petit lièvre pouvait avoir huit jours, morceau délicat pour les jeunes estomacs des renardeaux. A ce moment la pioche de l'un des travailleurs rencontra la galerie du terrier et un second basset en sortit, apportant un autre levraut de même taille que le premier. Les chiens en rapportèrent ainsi jusqu'à six, ce qui prouvait que messieurs les renards avaient fait bonne chasse et n'étaient pas intentionnés de se laisser mourir de faim.

Les six cadavres des levrauts criaient vengeance et l'on se remit à l'œuvre avec un redoublement d'ardeur. Une seconde tranchée rencontra à vingt pas plus loin une galerie si étroite que nous désespérâmes un instant de réussir. Cependant la vieille chienne parut, traversa avec rage la tranchée, pénétra dans l'étroite galerie et donna de plus belle. Nous étions sûrs de Valdine, elle ne trompait jamais. Il fallut creuser une troisième tranchée à trente pas de l'ouverture du terrier. Au bout d'un quart d'heure de travail l'on tomba de nouveau sur la galerie. Cette fois elle s'élargissait. Nous approchions évidemment de la dernière retraite de ce mystérieux repaire, de l'asile que les renards avaient cru inviolable. Bientôt Valdine, qui avait marché vite, apparut à la tranchée et à peine l'eut-elle traversée, qu'elle reparut portant un renardeau à peu près gros comme elle. Elle l'étrangla sans autre forme de procès. Les autres bassets étaient furieux de jalousie. On les aida quelque peu en enlevant de la terre, et bientôt quatre renardeaux gisaient à côté des six levrauts, payant ainsi, victimes encore innocentes, les crimes de leurs parents. Ce n'est qu'avec peine que nous pûmes arracher à un trépas certain le cinquième renardeau, que l'un des gardes mit tout vivant dans son carnier.

La chasse était finie, car si les vieux s'étaient trouvés dans le terrier, ils auraient défendu leurs petits contre les chiens. L'on enterra les victimes et l'on reboucha le terrier en y fourrant des branches de sapin. Le tout fut recouvert de mousse et de terre et l'on eut soin de laisser le terrier intact, afin de permettre aux renards de s'y installer l'année prochaine sans trop de difficulté.

En rejoignant la voiture pour rentrer, nous vîmes débouler à trente pas la renarde qui, cachée dans quelque fourré, nous guettait sans doute pendant notre cruelle opération. Par malheur mon ami L... venait de décharger son fusil sur un oiseau de proie et manqua ainsi l'occasion de compléter dignement la journée.

Le garde nous promit que les méchantes bêtes ne jouiraient pas bien longtemps de l'impunité. En effet, dès le soir deux hommes furent mis à l'affût sur des arbres, car les renards sont défiants et la moindre émanation les met en fuite. Mais ce fut peine perdue. Ni le lendemain ni le surlendemain, l'on n'aperçut même la queue d'un renard. Déjà l'on désespérait, lorsque le garde s'avisa d'un stratagème infernal. Il fit creuser, non loin du terrier, un trou profond de quatre-vingts centimètres et large d'environ un mètre. Au fond il attacha, contre des tiges de fer, avec une chainette, le renardeau que nous avions conservé vivant. En haut, tout autour du trou, l'on dressa trois pièges.

Ce moyen paraissait infaillible, car l'on a de nombreux exemples de l'amour maternel des renardes. Le pauvre petit, que l'on avait laissé jeûner avec intention, devait attirer la mère par ses gémissements et devenir ainsi le traître instrument de sa perte !

Le lendemain matin, le garde, plein de confiance dans le succès de sa ruse, alla voir si la mère et l'enfant se portaient.... mal. Il aperçut, en effet, les traces d'un renard, se dirigeant droit vers l'endroit fatal. Il les suivit, mais quel fut son étonnement lorsqu'il vit les pièges intacts et reconnut que les traces, à quelques pas du trou, disparaissaient derrière une butte de terre fraîchement remuée, dans un véritable terrier ! Aucune autre trace à l'entour, si ce n'est celles qui constataient que la bête était ressortie du terrier nouvellement creusé pour s'enfuir dans une autre direction.

Que c'était-il passé ? Le renardeau, qui la veille encore était maigre et plaintif, avait le ventre arrondi et sautillait gaiement au fond du trou. Qui donc lui avait apporté de la nourriture ? En descendant dans l'excavation, l'on reconnut bientôt que la mère renarde avait creusé, en une nuit, une galerie d'environ cinq mètres. Elle avait poussé droit vers l'endroit où elle savait son petit et était entrée dans le trou en passant au-dessous des pièges disposés autour de ses bords. Dans sa direction elle ne s'était pas trompée d'une ligne... le cœur d'une mère ne se trompe jamais ! Elle avait allaité son renardeau, et après avoir tenté de vains efforts pour briser la chaînette qui le retenait, la pauvre... mais prudente mère était repartie le cœur serré, en promettant à son enfant de revenir le lendemain pour tenter de nouveaux efforts de sauvetage.

Trop souvent les journaux racontent les généreux efforts tentés pour sauver quelque malheureux puisatier enseveli dans les décombres. Certes, ils sont bien mérités les éloges et les récompenses que l'on décerne à ceux qui jouent leur vie en opérant d'aussi périlleux sauvetages, mais la pauvre renarde n'a-t-elle pas aussi quelques titres à une mention honorable lors de la prochaine distribution des prix Monthyon?...

Mes lecteurs apprendront avec plaisir que la renarde n'a pas été tuée.... jusqu'à présent. Il est vrai que l'on n'a pas poussé la générosité jusqu'à lui rendre son petit!

Les Iles du Rhin en 1858

Il est à présumer que le vieux dicton : « Changeant comme les flots », — a été inventé par les habitants des bords du Rhin. Ce grand fleuve, capricieux comme une jolie femme, a souvent changé de lit et a couru bien des bordées sur les terres de ses voisins. Tout le long de son trajet, entre Bâle et Mayence, l'on rencontre une foule de petits cours d'eau accessoires qu'il a jetés à droite et à gauche, comme des enfants perdus, et qu'on appelle, non pas les fils, mais très improprement les bras du Rhin.

Ces petits Rhin, après avoir vagabondé dans la plaine, viennent rejoindre le grand fleuve, formant ainsi des iles qui souvent mesurent quelques kilomètres carrés de superficie. Les unes ne sont que de simples bancs de cailloux, mais d'autres présentent un aspect varié et pittoresque : rives escarpées, plages de sable fin, saules séculaires autour des prairies, bois touffus de chênes et de sapins, champs cultivés sur les points élevés où ne peuvent atteindre les inondations. Les plantations de saules dominent afin d'offrir les fascines nécessaires pour les endiguements, car depuis une vingtaine d'années l'on a exécuté d'immenses travaux pour mettre un terme aux ravages du Rhin. Le vieux fleuve a l'air de se laisser faire, il accepte les entraves qu'on lui pose, il fait semblant d'être dompté; mais parfois, quand la sève printanière coule dans ses veines, il se réveille soudain, rompt ses liens, recommence ses débordements, arrache les saules séculaires et enlève des hectares entiers qu'il engloutit dans ses eaux mugissantes.

Les iles du Rhin sont peuplées de toute espèce de gibier. Le faisan y abonde, surtout en automne, quand l'eau devient rare dans les grands bois de la plaine. Le chevreuil adore les clairières et les fourrés qu'il y rencontre; le sanglier y trouve les plus belles bauges. Le lièvre vient demander aux iles la quiétude qui lui manque dans les cantons du rivage; la perdrix leur doit un asile presque inviolable au mois de septembre, quand la plaine est couverte de bandes d'assassins.

A tous ces titres les iles du Rhin constituent un terrain bien favorable aux exploits cynégétiques, mais une grande difficulté s'y rencontre : c'est la multitude des petits cours d'eau qu'il faut traverser les jours de battue. Ces cours d'eau sont rapides, profonds, entrecoupés de vieilles souches d'arbres, et depuis des centaines d'années ils servent de retraite aux perches et aux brochets. Ce n'est pas une petite affaire que de franchir tous ces ruisseaux, et bien souvent l'on a dû renoncer à une chasse qui promettait de splendides résultats.

Cet hiver, les eaux ont été très basses. La désolation régnait dans tous les moulins d'alentour, mais les chasseurs en ont profité pour explorer les iles du Rhin. L'on a pu passer à pied sec, ou tout au moins à gué, tous les vieux bras du Rhin, et le gibier a payé cher cette pénurie aquatique.

J'assistais, il y a quelques jours, à l'un de ces petits épisodes de chasse dont le pinceau de Haffner et le crayon de Lallemand ont plus d'une fois formé le sujet d'un gracieux tableau de genre.

Une douzaine de chasseurs et de gardes traversent un de ces cours d'eau dans les iles du Rhin. Les chasseurs qui ont des bottes bien hautes et bien graissées passent à gué ; les autres sont tirés d'embarras par quelques confrères complaisants qui renouvellent pour eux le miracle de la mer Rouge en les faisant arriver pieds secs sur la terre promise. Les malheureux rabatteurs n'en sont pas quittes aussi facilement ; ils sont obligés d'entrer dans les eaux glacées et un faux pas peut changer pour eux le bain de pieds en bain complet. La scène est animée par les chiens qui passent et repassent vingt fois et viennent se secouer le poil sur les habits de leurs maitres.

Tout cela a l'air d'une expédition guerrière. La colonne s'avance, les fusils brillent, on sent la poudre, le plomb siffle, l'ennemi se sauve ; mais heureusement les familles des morts ne réclament pas de pensions et les éclopés n'obtiennent pas la moindre médaille.

Le Lièvre au Glaçon

A notre dernière traque, dans les îles du Rhin, la terre était couverte de neige, les branches dénudées scintillaient de givre, et le fleuve charriait de forts glaçons.

Après avoir traqué cinq ou six enceintes, l'on fit halte près d'une maisonnette construite sur la grande digue qui suit le cours sinueux du Rhin. Là un vaste chaudron pendait au-dessus d'un feu crépitant de branches sèches. Dans l'eau bouillante nageaient des douzaines de saucisses dont se régalèrent fraternellement chasseurs et traqueurs, avec accompagnement de chopes de bière. Mais l'égalité cessa après ce premier service. Le second, composé de pâté de foie gras et de vieux vin de Bourgogne, fut réservé aux porteurs de fusil. Les petits porteurs de bâton durent s'en priver ainsi que du troisième service, consistant en excellent café, renforcé de kirschwasser et accompagné de cigares.

Ainsi restaurés et réchauffés, nous fîmes une nouvelle traque, cette fois tout contre les bords du Rhin. Ce côté-là était peu gardé, car il n'était pas à présumer que le gibier à quatre pattes chercherait son salut dans les eaux glacées du fleuve.

Au signal donné par le cornet de l'aimable directeur de la chasse de Kehl, les traqueurs s'avancent, battant les broussailles, criant tantôt : *Haas!* — tantôt : *Reh* ! — suivant qu'ils voient se lever un lièvre ou un chevreuil, et tantôt : *Tiro !* (Tire-haut) quand un faisan prenait son vol.

Alors la fusillade éclate ; ce sont des détonations isolées quand le gibier est abattu du premier coup ; des feux de file quand la bête manquée par les premiers tireurs passe devant la ligne des chasseurs. Les petits traqueurs s'avancent toujours ; les lièvres effarés s'arrêtent, se mettent sur leur séant, dressent les oreilles, et souvent alors, comprenant que le danger est plus grand du côté des fusils, ils forcent la ligne des traqueurs au risque d'attraper quelques coups de bâton.

Déjà bon nombre de lièvres avaient rougi la neige de leur sang ; plusieurs coqs de faisan avaient pour toujours fermé leurs ailes, lorsqu'il se préduisit un épisode fort simple en apparence, mais qui a manqué avoir des conséquences extrêmement graves.

Un grand lièvre, chassé de son gîte, cherchait une issue. En avant, à droite, à gauche, les coups de feu se succédaient, ses semblables fuyaient éperdus, roulaient sous le plomb, ou piaillaient sous la dent des chiens ; derrière lui les traqueurs en ligne serrée hurlaient et battaient les buissons.

Où fuir ? — Le danger est partout ! — A ce moment terrible la pauvre bête s'aperçoit que du côté du Rhin les chasseurs sont plus espacés et les coups de feu plus rares. Mais le large fleuve roule ses flots contre la rive et charrie des glaçons, puis au delà un banc de sable, puis plus loin la vaste nappe des eaux....

Ah ! s'il pouvait atteindre ce banc de sable, là serait le salut ! — La peur donne du courage. Le lièvre s'élance, se jette à la nage et fait force de rames avec ses pattes. Mais bientôt il est saisi par le froid glacial du fleuve, il sent que ses forces s'épuisent, — il ne pourra jamais atteindre le banc de sable sauveur. — Il va sombrer, quand un glaçon passe à côté de lui. Il essaye d'y monter. Mais le glaçon est trop petit, il fait bascule et se renverse. Le malheureux lièvre ne perd pas courage.

Il se dirige vers un autre glaçon plus grand, et après d'énormes efforts il parvient à se hisser dessus.

Aux cris des traqueurs nous étions accourus aux bords du Rhin, et nous aperçûmes le lièvre gravement assis sur le glaçon, descendant rapidement le cours du fleuve, tournant la tête à droite et à gauche et baissant alternativement l'une et l'autre oreille. On aurait pu le tirer, mais à quoi bon, puisqu'il était impossible de le prendre. Les chasseurs rangés en ligne le long de la rive lui présentèrent les armes et le saluèrent en criant : Honneur au courage malheureux ! — Bon voyage pour Mayence ! ! —

La chasse finie nous rentrâmes à Kehl, rejoindre les voitures qui devaient nous ramener à Strasbourg. Nous avions chassé à une lieue environ en amont des deux ponts du Rhin, le pont sur bateaux et le gigantesque pont en treillage sur lequel passe le chemin de fer. Arrivés près du corps de garde badois, notre attention fut attirée par un attroupement où discutaient vivement des soldats coiffés du casque à paratonnerre, des flotteurs de la Kinzig et quelques citadins de Strasbourg venus en promenade à Kehl pour déguster les bières de Munich ou de Vienne.

C'était le lièvre au glaçon qui faisait le sujet de ces discussions. Voici ce qui s'était passé.

Des soldats badois se promenant sur le pont de bateaux, près de la rive allemande, regardaient passer les glaçons charriés par le Rhin. Tout à coup leur attention fut attirée par un glaçon d'une forme extraordinaire. C'était quelque chose comme une petite pyramide surmontée de deux appendices qui se mouvaient alternativement. Quand l'objet fut arrivé plus près, l'on reconnut un lièvre, assis droit et immobile, ne remuant que les oreilles. Deux soldats descendirent dans l'un des bateaux qui supportent le pont et saisirent le lièvre au passage. Mais impossible de l'enlever. Tout le poil de la pauvre bête était couvert jusqu'aux oreilles d'une brillante couche de glace et la partie postérieure de son corps adhérait solidement au glaçon.

Les deux soldats cassèrent la glace à coups de sabre et ayant ainsi délivré le lièvre, l'un d'eux, pour le réchauffer, l'enveloppa dans les pans de sa capote d'uniforme.

Cependant la foule s'était grossie de tous les passants et des soldats du poste accourus pour voir ce nouveau Moïse sauvé des eaux. Chacun demandant à voir le lièvre, le soldat dut ouvrir sa capote pour satisfaire la curiosité générale. Mais alors, ô surprise ! le lièvre, ayant eu le temps de dégeler, s'élance, s'échappe et prend sa course sur le pont vers la rive française. Aussitôt la foule se précipite à sa poursuite, les soldats et le factionnaire badois en tête. Le pont de bois tremble sous leurs pas...

A l'aspect de cette invasion subite, le factionnaire français appelle aux armes. Pontonniers et voltigeurs de garde, croyant que les Allemands veulent envahir la France, se réunissent à la hâte pour défendre le sol sacré de la patrie. Les troupes ennemies se rencontrent, les deux factionnaires croisent la baïonnette, et le fusil Dreyse pour la première fois se trouve en présence du fusil Chassepot... Heureusement que les armes ne sont pas chargées. L'on s'explique, l'on crie, l'on rit, mais quand l'on rechercha la cause de ce grand émoi, le lièvre avait disparu. Qu'était-il devenu ? Jamais on n'a pu le savoir. Peut-être a-t-il réussi à gagner la rive française et à se réfugier dans l'*île des Épis*. Peut-être, perdant la tête dans la bagarre, a-t-il sauté en bas du pont, et, monté sur un autre glaçon, est-il arrivé jusqu'à Mayence !

Mais à quoi tiennent les destinées de deux grands peuples si un lièvre a failli allumer entre eux une guerre abominable !

La Chasse au Faisan

Le faisan est originaire des rives du *Phase*, fleuve de la Colchide, d'où Jason a rapporté la Toison d'or. L'on n'a jamais pu savoir en quoi consistait la Toison d'or, mais il paraît certain que c'est aux Argonautes que l'on doit l'importation du faisan en Grèce, et il est généralement admis que ce sont les croisés qui l'ont rapporté de Constantinople. Depuis lors, l'oiseau du Phase (en latin *Phasianus*) s'est acclimaté en Allemagne, en France et en Angleterre, mais il fut d'abord un gibier réservé exclusivement au plaisir et à la table des princes et des rois. Les grands seigneurs seuls pouvaient se donner le luxe des faisanderies, et les règlements des chasses portaient des peines sévères contre ceux qui se permettaient d'attenter à cet oiseau privilégié. La Révolution française, en décapitant la noblesse, en vendant les biens nationaux, fut cause de l'émancipation du faisan, qui s'échappa des forêts de la couronne et des parcs réservés pour aller vagabonder librement dans les bois communaux et particuliers.

Si l'Alsace et le duché de Bade sont peuplés de faisans, c'est que les seigneurs possessionnés en Alsace y avaient établi à grands frais de magnifiques faisanderies, notamment le landgrave de Hesse-Darmstadt, à Bouxwiller, le maréchal d'Huxelles, à Harthausen, près de Haguenau, et le cardinal de Rohan, prince-évêque de Strasbourg, à Saverne ; c'est que les princes allemands entretenaient sur la rive droite du Rhin, dans de vastes parcs, du gibier de toute espèce, et que la Révolution, par ses confiscations et ses guerres, a donné la liberté aux faisans, qui ont été élire domicile dans les îles du Rhin et dans les bois de niveau un peu bas qui avoisinent les bords du grand fleuve. Ainsi, pour que nous, humbles chasseurs, puissions nous donner le plaisir de tirer le faisan, ce phénix des hôtes de nos bois, il a fallu deux expéditions militaires lointaines et une sanglante révolution. A quoi tiennent les destinées !

Les îles du Rhin étaient désignées par la nature comme le séjour de prédilection du faisan à l'état libre. A l'arrière-saison, il y trouve des champs de maïs, des arbustes aux baies colorées, des mûres sauvages et de l'eau, car le faisan, de même que le chevreuil, fuit les forêts dont le sol est complètement desséché. Aussi s'est-il multiplié dans ces iles charmantes, et il n'est pas rare de tuer plus de quarante coqs dans une seule journée de battue.

Le faisan est un oiseau fort capricieux, il a la bosse du changement. Quoiqu'il soit sédentaire dans nos contrées, il éprouve le besoin de changer souvent de résidence, et il passe d'un canton dans un autre sans rime ni raison. Lorsque les ruisseaux d'un bois se dessèchent, les faisans se hâtent de le quitter, dussent-ils aller dans les champs, dans les cultures, pour trouver leur nourriture et de l'eau. C'est ce qui explique la chance du chasseur de plaine, qui ne s'attend qu'à l'humble perdreau ou au modeste lièvre, et qui rencontre un faisan dans un champ de pommes de terre, voire dans les prairies ou dans les luzernes.

C'est surtout à l'époque où les brouillards d'automne viennent étendre leur voile gris sur la vallée, que le faisan est pris de sa passion de vagabondage. Il s'en va au hasard, sans chemin et sans but. L'on en a vu qui croyaient traverser le Rhin, tandis qu'ils en suivaient le cours : que le Rhin a dû leur paraître large ! Mais, hélas ! fatigués enfin de cette traversée impossible, ils tombaient épuisés dans le rapide courant du fleuve, et devenaient ainsi victimes de leur tempérament aventureux.

Lors de l'ouverture, il faut chercher le faisan à la lisière des bois et, si ces bois sont bordés de champs, on le trouvera de préférence dans les champs de maïs, dans les topinambours, dans les pommes de terre et même dans les hautes herbes.

Après l'ouverture, en septembre, quand les récoltes se font, quand on ébranche le maïs et qu'on l'éclaircit pour en faciliter la maturité, le faisan se retire dans les jeunes coupes et dans les îles.

Au mois d'octobre, on le rencontre presque partout : le moindre couvert peut recéler une surprise agréable pour le chasseur. Plus tard il faut le chercher dans les grands couverts, dans les hautes futaies dont les pieds sont embrouillés dans d'inextricables ronces. C'est là que le faisan trouve pendant la mauvaise saison un abri contre ses ennemis, contre la neige et le givre. Je parle du faisan de la plaine, car celui qui habite les îles du Rhin, y reste à demeure parce qu'il y trouve tous ces avantages réunis.

Les faisans se nourrissent généralement de limaçons, de vers, d'insectes ; ils ne deviennent nuisibles que par leurs visites dans les champs de maïs. Ce n'est pas seulement leur gloutonnerie qui y cause du dommage, mais ils ont l'habitude de se poser sur les plus beaux épis qui cassent sous leur poids, et autant d'épis cassés, autant de perdus, car ils n'arrivent plus à maturité.

Lors de l'ouverture, l'on ne doit tirer les faisandeaux que lorsqu'ils sont assez maillés pour pouvoir distinguer les coqs des poules. C'est un véritable crime, digne des peines les plus sévères, que d'imiter ces infâmes massacreurs qui tuent sans distinction de sexe toute une petite compagnie, sous le prétexte qu'il était impossible de reconnaître les jeunes coqs.

Lorsque votre chien a signalé la présence de faisans dans un champ de maïs, il faut se hâter de leur couper la retraite du bois, car leur tendance est toujours de fuir à pied de ce côté. Vous voici adossé contre le bois; votre brave chien est en face à quinze pieds ; les faisans sont blottis. Quel moment solennel ! Attention.... Soudain la poule s'élève à grand bruit. — Respect à la mère, chasseur, ne vous pressez pas, vous allez en voir d'autres. — Un faisandeau sort, puis deux à la fois. — Voyez celui qui est à gauche, c'est un coq, il est maillé. — Pan ! — Bravo ! — En voici d'autres; ne tirez pas. Le coq est là encore et vous n'avez plus qu'un coup. Le voici qui se lève. Quelle majesté et comme il jabote en s'envolant ! Ne vous pressez pas ; abattez-le avec soin ; la mère leur reste. En voici encore quatre, puis encore deux, puis un dernier, le culot sans doute. Nous avons compté cinq jeunes coqs. Il aurait fallu un revolver pour faire face aux exigences d'une pareille chance. Qu'importe ! vous avez fait un superbe coup double : un vieux coq pour l'œil et un jeune pour la table. Les autres grandiront et vous les retrouverez. Il ne faut pas tout tuer à la fois !...

Au mois de janvier, les propriétaires des grandes chasses d'Allemagne qui ne réussissent pas à détruire assez de coqs dans leurs battues, donnent encore des chasses au chien d'arrêt, ce qu'ils appellent *buschiren*. Ce sont des chasses ravissantes, et avec un peu de bonheur l'on peut y tuer ses huit à dix coqs dans une journée.

Cette attaque *in extremis* de la saison de chasse a pour but de diminuer la quantité de coqs, qui, trop nombreux, sont nuisibles à la réussite des couvées. Ceci mérite quelques explications.

Les coqs se souviennent de leur origine asiatique et se sentent de force à contenter dix poules. Lorsqu'il y a beaucoup de coqs dans un canton, la part de poules de chacun est réduite à une ou deux, et la passion de ces petits sultans n'est pas suffisamment assouvie. Comment faire ? Il n'y a qu'un moyen, c'est de s'adresser plusieurs fois à la même poule. Mais celle-ci, occupée de ses devoirs maternels, refuse de prêter l'oreille aux sollicitations amoureuses. Elle appartient tout entière à ses enfants ; l'époque du plaisir est passée, celle du devoir est venue ; elle est inexorable. Le coq cependant se monte la tête, la passion l'exalte, il entre en fureur. Comme il sait bien que c'est l'amour maternel qui empêche l'amour conjugal, il s'en prend aux enfants des dédains de leur mère. Il recherche le nid, il casse les œufs, il assassine à coups de bec les jeunes faisandeaux, et tout couvert d'omelette et de sang, il vient réclamer le prix de son crime à la propre mère de ses victimes innocentes. Que doit faire la pauvre poule ? Elle tient avant tout à avoir une famille, et pour remplacer celle qu'elle vient de perdre, elle est bien obligée, hélas ! de souffrir les caresses du bourreau de ses premiers-nés. — Voilà cependant à quels excès conduisent les plus belles qualités physiques et morales. Si les faisans n'étaient pas si bons coqs et si les poules n'étaient pas si bonnes mères, nous ne verrions pas de pareilles abominations. C'est pour y mettre bon ordre que nos voisins d'outre-Rhin exterminent annuellement le trop-plein de coqs ; dès lors chacun des restants obtient la part de poules nécessaires à son tempérament et les couvées sont garanties contre ces affreux massacres.

Le faisan est de tous les animaux de chasse celui sur lequel le braconnage a les vues les plus avides. Ce n'est pas sa beauté, mais son prix toujours plus élevé sur le marché, qui le désigne aux entreprises nocturnes des maraudeurs de nos bois. Les braconniers qui sortent avec le fusil ne recherchent que le faisan et le chevreuil. C'est pour ce gibier par excellence que se commettent, surtout en Allemagne, des crimes fréquents. Les gardes forestiers, furieux de voir leurs chasses décimées, se mettent à l'affût, et plus d'un braconnier est trouvé mort avec un ou deux faisans dans son sac.

Les braconniers sortent le soir et tirent le faisan au moment où il se *branche* pour dormir. Leur fusil est caché dans le bois, et ils ont soin d'y mettre peu de poudre, afin que la détonation ne soit pas entendue au loin. D'autres, moins hardis emploient les lacets, les filets et aussi un moyen particulier, une ruse dont il convient de dire quelques mots en terminant.

Dans le royaume de Wurtemberg, les braconniers se munissent d'une perche au bout de laquelle est fixée une mèche soufrée. Quand ils ont reconnu un faisan endormi sur un arbre, ils allument la mèche, la tiennent sous le bec du faisan, et parviennent ainsi à l'étourdir et à le faire tomber. Dans un traité de chasse publié en 1771, intitulé : *Ruses de braconnage*, l'auteur *Labruyerre*, garde du comte de Clermont, prétend qu'il est impossible de prendre les faisans par ce moyen. « Nous fimes l'essai sur un, dit-il ; nous lui présentâmes un morceau de linge trempé dans le soufre fondu, mais il le jeta par terre à coups de bec ; nous le lui présentâmes plusieurs fois, il en fit de même ; à la fin, voyant que nous lui brûlions le bec, il s'envola. » Il résulte de cette citation que le faisan n'était pas endormi, et ce qui étonne, ce n'est pas que l'expérience n'ait pas réussi, mais que le coq ait attendu qu'on lui brûlât le bec pour s'envoler. Employé avec soin, ce moyen est excellent ou plutôt atroce, car il est très meurtrier et n'est pas excusé par cette passion irrésistible de chasse qui souvent possède et entraine les braconniers à tir.

Un Massacre d'Étourneaux

C'était par une belle soirée des premiers jours de novembre. Le jour s'éteignait et le globe du soleil démesurément grandi nageait dans une mare de sang capricieusement découpée par les sommets de la chaîne des Vosges. Nous avions chassé toute la journée dans les plaines giboyeuses de Marlen, village situé non loin de Kehl, sur la rive droite du Rhin. Notre chasse avait été bonne. De grasses perdrix, la tête prise dans un lacet de cuir, pendaient tristement à nos sacs, comme autrefois les voleurs aux branches des chênes. Quelques-uns de mes compagnons avaient fixé sur leur chapeau de grandes plumes d'un bronze doré, témoignage éclatant de leur adresse à tirer le coq de faisan. De petits paysans badois, coiffés du bonnet de fourrure national, portaient, deux par deux, quelques douzaines de lièvres suspendus à des bâtons et rappelaient ainsi les descendants de Noé portant ces immenses grappes de raisin que j'ai toujours suspectées d'avoir été pour beaucoup dans le péché originel.

Nous étions arrivés non loin d'une grande mare couverte de roseaux, à l'extrémité de laquelle se dressait un immense filet, ouvert du côté du marécage. Là nous attendaient trois pêcheurs que je connaissais bien pour avoir été avec eux camper toute une nuit sur un banc de sable au milieu du Rhin et assister à une pêche au saumon. Ils vinrent à notre rencontre, pour nous prier de nous cacher derrière quelques broussailles voisines, annonçant que nous n'aurions pas longtemps à attendre.

Il s'agissait cette fois d'assister non pas à une pêche, mais à une chasse, et à une chasse en grand, à un coup de filet monstre, à un massacre en masse, et l'on comptait sur six à huit mille victimes pour le moins.

Cependant rien n'annonçait d'aussi énormes hécatombes. L'air était assez doux ; quelques légers nuages passaient lentement, poussés par le vent du sud et dorés par les feux du soleil couchant ; de petits oiseaux gazouillaient dans les buissons ; un groupe de jeunes filles et de garçons rentraient au village en chantant un vieil air allemand.

Tout à coup l'un des pêcheurs étendit la main du côté du nord. Je regardai dans cette direction et ne vis rien si ce n'est un petit nuage noir qui se levait à l'horizon. Mais ce nuage marchait vite et en sens inverse des flocons dorés éparpillés dans le ciel. Bientôt il s'étendit en pointe vers nous, grossissant, s'allongeant toujours davantage et traçant des courbes qui le faisait ressembler à un immense serpent. Tantôt cette masse opaque s'abaissait vers le sol, tantôt elle se redressait vivement dans les airs. Je distinguai alors qu'elle était formée par une quantité innombrable d'étourneaux volant serrés les uns contre les autres et tourbillonnant d'un mouvement uniforme. En approchant de la mare, leurs épaisses et profondes colonnes obscurcirent le ciel et leurs cris retentirent toujours plus stridents. Arrivés au-dessus de nous, ils tournoyèrent deux fois en décrivant une immense spirale, puis ils se perchèrent tout à coup sur plusieurs arbres qui étendaient leurs branches dénudées vers le ciel devenu sombre. Il me sembla alors que les arbres avaient repris leur verdure; chaque branche était garnie d'autant d'étourneaux qu'elle en pouvait porter; l'on eût dit des feuilles vivantes. Ils restèrent là quelques minutes, puis ils s'élancèrent en colonne, glissant en ondoyant sur la surface de la mare et s'abattirent sur les roseaux qui plièrent sous le faix de cette multitude ailée.

Aussitôt que les étourneaux furent installés sur les roseaux, ils commencèrent des bavardages sans fin, et, comme ils ont la mauvaise habitude de crier tous à la fois, leurs vingt à trente mille voix réunies produisirent un tintamarre formidable. C'étaient des gazouillements immenses, des ramages assourdissants, qui me rappelaient ces réunions générales de sociétés chorales devenues de nos jours de plus en plus fréquentes et de moins en moins mélodieuses. Cependant je dois dire à l'éloge des concerts monstres et à la confusion des étourneaux, que ces derniers n'observent pas de rythme, qu'ils ne paraissent nullement préoccupés de produire un effet d'ensemble, mais que chacun crie pour son agrément personnel et le plus fort possible. Que peuvent se dire trente mille étourneaux perchés sur les roseaux d'une mare? Sans doute chacun raconte les aventures de la journée, combien de vermisseaux, de larves, de grillons, de sauterelles il a mangés, combien il a becqueté de grappes de raisin; il indique les bons endroits, il débite quelques histoires plaisantes, et il faut bien qu'ainsi se passent les choses, car de temps en temps un piaillement général venait témoigner de la satisfaction unanime causée par les récits des loustics de la bande.

Au bout d'un quart d'heure, les trois pêcheurs jugeant avec raison que nous devions être suffisamment édifiés sur les talents philharmoniques des étourneaux, nous dirent tout bas que ces terribles braillards continueraient sur ce ton pendant quelques heures encore, que nous avions le temps d'aller souper et que la chasse ne recommencerait que vers minuit, lorsque le sommeil aurait fait taire cet immense charivari.

Nous retournâmes à Marlen. Le souper fut bientôt prêt et nous y fîmes honneur, car dix heures de chasse aiguisent admirablement l'appétit. Au dessert nous versâmes à boire aux trois pêcheurs et j'eus soin de mettre la conversation sur les mœurs des étourneaux. J'appris ainsi que ces oiseaux rendent de très grands services à l'agriculture en détruisant les sauterelles, les grillons et surtout les larves des hannetons. On ne leur reproche que les ravages qu'ils opèrent dans les vignobles. Le soir, ils se rassemblent et viennent par bandes immenses prendre gîte au milieu des roseaux d'un étang dont ils ont reconnu à l'avance les alentours. Ils choisissent les marécages pour y passer la nuit, par la raison que l'eau empêche les animaux carnivores d'approcher et que le brouillard que dégagent ces lieux humides les cache aux oiseaux de nuit.

Peu à peu notre conversation languit, plusieurs d'entre nous avaient mis les coudes sur la table et la tête sur les coudes, déjà quelques gros ronflements se faisaient entendre, lorsque les pêcheurs annoncèrent que l'heure du départ était venue, et bientôt nous fûmes en marche vers la mare.

La nuit était presque entièrement noire, car pour cette espèce de chasse il était essentiel de choisir l'époque de la nouvelle lune. Quelques arbres se détachant comme des fantômes sur les éclaircies du ciel nous indiquaient le chemin. Nous approchions de la mare. Un silence profond avait succédé au tapage étourdissant de tantôt. L'armée des étourneaux dormait. Les pauvres oiseaux se reposaient dans une quiétude parfaite, espérant que l'homme reconnaitrait et respecterait en eux des auxiliaires utiles, les destructeurs de la vermine qui désole ses champs. Vain espoir, hélas! sécurité trompeuse! Quelle vertu l'homme a-t-il jamais respectée, devant quelle iniquité a-t-il reculé, quand il s'est agi de gagner un peu d'or?

A l'extrémité de la mare, du côté opposé au filet, une nacelle était préparée. Nous y entrâmes avec l'un des pêcheurs et avançâmes au milieu de la mare par une espèce d'étroit canal que les pêcheurs avaient ménagé en arrachant les roseaux. Les deux autres pêcheurs, chaussés de hautes bottes, s'avancèrent de front, de chaque côté de la barque. Nous gardions un silence absolu, mais de temps en temps les trois pêcheurs projetaient en avant des poignées de petits cailloux. A chaque jet de pierres, une bande d'étourneaux à moitié endormis se levaient pesamment et avec un bruit sourd, pareil à celui du tonnerre lointain, glissaient par-dessus les roseaux pour se reposer un peu plus loin dans la direction du filet. Successivement les colonnes d'oiseaux se repliaient ainsi comme sur un champ de bataille, devant des forces supérieures, les régiments se replient par échelons en se couvrant de feux roulants. Nous avancions toujours plus vite. Les étourneaux réveillés, mais incapables de distinguer le filet dans l'obscurité, battaient en retraite avec des bruits d'ailes formidables. Déjà des bandes entières s'étaient heurtées contre le filet, d'autres avaient passé à côté, lorsque les trois pêcheurs poussèrent à la fois de grands cris, lançant des poignées de cailloux et battant les roseaux avec des gaules.

Jusqu'à ce moment, le vol partiel de quelques-unes de leurs bandes avait paru chose naturelle et insignifiante à la masse des étourneaux ; mais à ce tapage soudain, éclatant au milieu du silence de la nuit, ils comprirent qu'ils étaient attaqués par leur plus terrible ennemi. Toute l'armée des étourneaux se leva à la fois, et saisie d'une terreur panique s'engouffra dans l'immense filet avec des cris affreux et un bruit semblable aux détonations de l'artillerie. Au même moment aussi, l'un des pêcheurs tirait une corde, et le filet, garni à ses angles d'anneaux de fer, glissa le long des piquets qui le soutenaient et s'abattit tout d'une pièce.

Alors ce fut une clameur atroce. Ces milliers d'oiseaux se sentant pris dans les mailles, écrasés sous le poids du filet, à moitié submergés dans la mare, poussèrent tous ensemble des cris déchirants qui retentissaient d'une façon sinistre dans cette solitude si complète et sous ce ciel noir où les étoiles se cachaient derrière les nuages pour ne pas voir cet horrible spectacle.

La chasse était finie. Pour recueillir le gibier, il fallait attendre le jour. Nous quittâmes la mare, abandonnant les pauvres oiseaux criant au secours, se noyant, s'égosillant, battant des ailes, faisant de suprêmes efforts pour soulever le filet qui les couvrait comme un drap mortuaire.

Je rentrai à l'auberge poursuivi par ces cris

plaintifs, je me couchai et la fatigue me donna le sommeil, mais je fus en proie à un abominable cauchemar. Je me croyais sur une ile au milieu du Rhin, attaqué par des myriades d'étourneaux qui se précipitaient sur moi avec acharnement. Je me défendais avec un bâton, mais j'avais beau les assommer par douzaines, leurs rangs n'en étaient pas moins serrés et le cercle qu'ils formaient autour de moi se rétrécissait toujours davantage. Des milliers de becs dirigeaient vers moi leurs deux pointes et je voyais distinctement les petites langues noires et minces s'agiter dans les gorges roses pour me lancer toutes sortes d'imprécations à propos de ma complicité à l'odieux attentat dont la mare était le théâtre. J'allais sans doute être mis en tout petits morceaux par ces becs furieux, lorsque vers six heures du matin l'on vint me réveiller pour assister au dernier acte de ce drame lugubre.

L'aube blanchissait à peine au-dessus des montagnes de la Forêt-Noire ; l'air était frais ; le vent frémissait dans les arbres et en faisait tomber les dernières feuilles. Nous passâmes à travers champs pour arriver plus vite près de la mare. En approchant nous entendions un bruit pareil à celui que produit, lors des enterrements, le roulement des tambours couverts d'un crêpe. C'étaient les malheureux étourneaux qui, de minute en minute, battaient des ailes tous ensemble pour soulever le filet.

Un spectacle lamentable nous attendait. Les roseaux étaient courbés sous le poids de l'immense verveux ; quelques mille étourneaux étaient noyés ; les autres passaient le bec entre les mailles du filet et piaillaient à pleins poumons. Nous entrâmes dans la nacelle pour voir de plus près l'affreux champ de bataille. Quel carnage! A mesure que les pêcheurs relevaient le filet, l'on découvrait, rang par rang, serrés les uns contre les autres, les noirs cadavres des étourneaux noyés. Les pêcheurs ne faisaient point de quartier. Ceux qui survivaient étaient impitoyablement saisis et passés au fil de l'épée, je me trompe, on les empoignait de la main gauche par-dessus les ailes et de la main droite on les prenait par la tête ; puis chaque main tournait en sens contraire. C'est un procédé horrible qui s'appelle, je crois, tordre le cou, et qui réussissait parfaitement, car les pauvres bêtes jetées dans la nacelle n'avaient plus qu'une seule convulsion et ouvraient le bec une dernière fois, mais sans pouvoir proférer un cri. A mesure que nous avancions, le nombre des prisonniers augmentait. Tordre le cou à chacun aurait demandé trop de temps. Les pêcheurs entrèrent dans l'eau, jetèrent sur le filet les planches qui tenaient lieu de banquettes dans la nacelle et s'en servirent pour submerger les étourneaux par centaines. Ces horreurs froidement accomplies me donnaient des nausées; je me croyais aux mauvais jours de la Terreur, assistant aux massacres de Septembre et aux noyades en masse de Nantes !

Cependant l'affreuse besogne allait toujours. L'on comptait déjà cinq à six mille victimes. J'avais par un élan irrésistible de pitié dégagé quelques-unes de ces pauvres bêtes et leur avais rendu la liberté avec un plaisir indicible, mais je ne pouvais empêcher la continuation de la tuerie générale. Nous approchions d'un endroit où le filet, tombé sur des roseaux plus forts, s'était maintenu à une certaine hauteur au-dessus de l'eau. Là, deux à trois mille étourneaux, le bec passé à travers les mailles, criaient à fendre l'âme et à chaque instant faisaient effort pour soulever le filet.

J'allais demander à retourner à terre pour ne pas assister au massacre de ce dernier bataillon, lorsque l'un des pêcheurs, s'étant consulté avec les deux autres, me dit de rester et que j'allais voir quelque chose qui me ferait plaisir. Tous trois soulevèrent alors l'un des côtés du filet et aussitôt les étourneaux se précipitèrent par cette issue inespérée. Ils ne prirent pas la peine de se ranger en colonne, chacun tira de son côté, battant des ailes pour sécher ses plumes aux premiers rayons du soleil levant. Cependant, quelques-uns restaient pendus au filet, la tête engagée dans les mailles. Mes amis et moi nous mîmes à dégager délicatement les pauvres petites bêtes de ce collier de misère, et l'une après l'autre nous les laissâmes envoler.

Cette œuvre de délivrance me remit le cœur à l'aise et je félicitai chaleureusement les pêcheurs de leur humanité.... Faut-il le dire? ce n'était pas parce qu'ils étaient las de tuer et parce qu'ils avaient eu pitié de ces jolis oiseaux criant merci, que les pêcheurs en avaient laissé échapper deux à trois mille, non, c'était tout simplement parce qu'ils avaient pris plus d'étourneaux qu'ils n'en pouvaient vendre le même jour au marché de Strasbourg et que ce gibier ne se conserve que par les temps froids. Tout compte fait, il se trouva plus de six mille étourneaux dans le bateau et dans les paniers que les femmes et les enfants des pêcheurs avaient apportés. C'étaient donc cinq cents douzaines qui, vendues à raison de 30 à 40 cent., donnaient un bénéfice de 150 à 200 fr.

Cette chasse est, on le voit, assez lucrative; mais, quant à moi, je me promis bien de ne plus y assister jamais. Trop de sensations pénibles m'avaient agité, et en rentrant en voiture avec mes amis, je ne pus m'empêcher d'exprimer le regret que les besoins de l'alimentation publique rendissent nécessaire l'extermination en masse d'oiseaux aussi utiles à l'agriculture; j'en vins même à comparer les tueries d'étourneaux dans les mares aux massacres des soldats sur les champs de bataille et à exprimer cette opinion que la guerre n'était excusable que chez les anthropophages.

Pour m'arracher à ces idées noires, l'un de nos chasseurs, bon tireur et grand marcheur, s'il en fut, nous raconta l'histoire miraculeuse d'un sansonnet, nom vulgaire de l'étourneau, histoire qui s'est passée au village de Marlen, il y a une centaine d'années, et que conserve la tradition populaire.

Le barbier du village avait un sansonnet auquel il apprit à parler[1]. L'oiseau répéta bientôt les paro-

---

1. Les étourneaux apprennent sans peine à parler, mais leur prononciation est toujours défectueuse; elle n'a ni la

les qu'on lui disait et apprit même certaines locutions familières à son maitre, telles que : *Je suis le barbier de Marlen. — Ah! comme ça! — Dieu le veut! — Par compagnie.* — Il apprit aussi le mot *imbécile* dont le barbier gratifiait souvent son petit apprenti quand celui-ci étendait la moitié d'un emplâtre sur la table au lieu de l'étendre sur le linge, quand il affilait les rasoirs par le dos au lieu de les affiler par le tranchant ou quand il cassait quelque fiole à médecine. Comme il venait beaucoup de monde chez le barbier qui débitait aussi du kirschwasser, il arrivait que le sansonnet jetait dans la conversation quelques-uns de ses mots qui souvent tombaient fort à propos. Lorsque l'apprenti lui demandait : *Jeannot, que fais-tu?* le sansonnet ne manquait jamais de lui répondre : *Imbécile!* et les buveurs éclataient de rire.

Un jour que les ailes coupées lui avaient repoussé, que la fenêtre était ouverte et le temps fort beau, le sansonnet prit la clef des champs.

Grande fut la désolation du barbier et de ses

---

franchise, ni l'ampleur de celle du corbeau. Ils éprouvent la même difficulté que les Anglais à faire sonner les *r* et parlent généralement du nez comme le peuple français. (TOUSSENEL, *le Monde des oiseaux*, t. II, p. 280.)

pratiques. L'on espéra d'abord que l'oiseau reviendrait au logis, mais trois mois se passèrent et l'ingrat ne revint pas.

Un matin deux pêcheurs, les ancêtres, sans doute, de ceux qui venaient de nous faire les honneurs d'une chasse aux étourneaux, étaient occupés à relever leurs filets et à tordre le cou aux oiseaux prisonniers, lorsqu'une voix s'éleva qui dit : *Imbécile !* Les deux pêcheurs se retournèrent à la fois, chacun croyant que l'autre l'appelait. Heureusement qu'ils n'avaient pas le temps de se quereller, car la besogne pressait. Ils continuèrent donc leur office de bourreau, quand la même voix s'écria : *Dieu le veut !* L'un des pêcheurs avisa un étourneau qui passait tristement la tête entre les mailles du filet, et déjà il s'apprêtait à lui tordre le cou, lorsqu'il entendit prononcer ces mots : *Ah ! comme ça !* Le pêcheur s'arrêta tout net et frappé d'une idée subite : *Est-ce toi, Jeannot ? — Je suis le barbier de Marlen*, répondit le sansonnet en ouvrant démesurément le bec et en secouant ses ailes mouillées. *— Et comment es-tu venu ici, Jeannot ? — Par compagnie*, dit l'oiseau.

Les deux pêcheurs éclatèrent de rire et rapportèrent le sansonnet au barbier, qui leur donna un beau pourboire.

L'histoire fit du bruit. De tous côtés l'on vint chez le barbier sous prétexte de se faire raser, saigner ou couper les cheveux, mais en réalité pour voir et entendre Jeannot, qui fut ainsi la cause de la fortune du barbier de Marlen.

Se non è vero, è bené trovato!

Les Sangliers d'Alsace

Le sanglier est-il un cochon sauvage ou le cochon est-il un sanglier domestique? Grave question sur laquelle les veneurs ont discuté de tout temps. A n'en juger que par les apparences extérieures, ces deux espèces d'une même race diffèrent du blanc au noir. Le porc peut se permettre un vêtement de couleur claire, car il ne craint pas d'attirer l'attention et il s'en rapporte à son maître pour la conservation et pour... la fin de son existence. Le sanglier a besoin d'un par-dessus de couleur sombre pour échapper aux poursuites de ses ennemis, et il est continuellement obligé de montrer les dents. A force de les montrer, elles s'allongent et même elles s'aiguisent, car ses dents d'en haut ne servent qu'à donner du tranchant aux longues défenses de sa mâchoire inférieure. Même voracité d'ailleurs. Le cochon et le sanglier ne sont pas difficiles sur le chapitre de la nourriture. Ils font ventre de tout, et c'est avec raison que Toussenel a appelé le porc : le grand chiffonnier de la nature. Il y a pourtant entre eux cette différence tout à l'éloge de la bête sauvage, c'est que le porc mange à l'occasion les petits enfants, tandis que le sanglier n'attaque l'homme que lorsqu'il est poussé à bout, acculé par les chiens, blessé grièvement, et en état de légitime défense.

Selon toutes les apparences, les premiers cochons furent de jeunes sangliers apprivoisés, mais il est incontestable que les cochons peuvent redevenir sangliers, et je puis en citer un exemple qui s'est produit dans la forêt du Neuhof, tout aux portes de Strasbourg.

Pendant la Révolution et dans les années qui suivirent, le peuple usa de représailles. En haine des seigneurs qui chassaient par monts et par vaux, à travers les bois et les champs, avec chevaux, chiens, valets et fanfares, et détruisaient en un instant les récoltes obtenues par tant de travail et de sueur, le paysan déclara la guerre aux bêtes de grande chasse, bêtes d'aristocrates, bêtes noires. La plupart des forêts furent dépeuplées de cerfs, de chevreuils et de sangliers. Ces derniers disparurent complètement de la forêt du Neuhof. Mais ce que le paysan avait détruit, le bourgeois enrichi a voulu le rétablir. Dans les premières années de ce siècle, la chasse du Neuhof appartenait à un banquier d'origine russe qui s'était établi à Strasbourg. Pour se donner un tiré nouveau, un coup de fusil plus beau, M. Livio ne craignit pas de mettre la plaie au champ et au cœur du cultivateur. Il lâcha dans la forêt des porcs, de vrais cochons, tirés de la Hongrie, qui, après trois générations vivant en liberté, sont devenus (ô leçon pour les nations opprimées) de beaux sangliers, d'indomptables solitaires. Quelques vieux chasseurs se souviennent encore d'avoir vu au Neuhof des sangliers portant de grandes taches blanches, stigmates de leur domesticité primitive.

Il y a quelques années, les sociétaires de la chasse du Neuhof furent actionnés en dommages-intérêts par les habitants de cette partie de la banlieue de Strasbourg à raison des ravages exercés par les sangliers. Lorsque ce procès parut devant le juge de paix, les parties lésées reprochèrent aux chasseurs de cultiver le sanglier comme une plante de serre chaude et de le ménager intentionnellement pour la plus grande satisfaction de leurs plaisirs cynégétiques. Les cultivateurs furent déboutés de leur demande par le motif qu'ils ne fournissaient pas la preuve que les locataires de la chasse avaient favorisé la multiplication des sangliers. Peut-être que le jugement aurait été rendu en sens contraire, s'il avait été révélé alors que les sangliers du Neuhof n'étaient que des fils de truie artificiellement rendus farouches, car s'il doit être permis au propriétaire d'une chasse de conserver le gibier, l'on ne saurait admettre qu'il puisse légitimement mettre dans sa chasse des animaux nuisibles. Que dirait-on d'un spéculateur qui, dans un pays où il n'y a pas de rats, introduirait ce rongeur sous le fallacieux prétexte que de sa peau l'on fait des gants excellents, connus dans le commerce sous la dénomination de gants en peau de Suède ?

Cependant je ne suis pas partisan de la responsabilité absolue en fait de dégâts causés par les sangliers. Ces animaux sont essentiellement nomades et changent fréquemment de résidence. Du Fouilloux a dit, il y a bien longtemps : « Le sanglier n'est qu'un hôte. » — Vers le printemps surtout, quand il est en proie à de nouvelles ardeurs, le sanglier est capable de faire en une seule nuit des voyages qui fatigueraient un coursier numide. Comment dès lors déterminer à quelle chasse appartient la bête qui a causé des dégâts et résoudre la question de l'imputation du dommage ?

Il y a trente ou quarante années, les sangliers

étaient redevenus très nombreux dans les forêts de l'Alsace, mais on ne constatait que très rarement des ravages commis par eux dans les champs cultivés, tandis que de nos jours ces ravages sont journaliers. Comment expliquer ce fait ? Les sangliers sont-ils devenus plus civilisés, plus raffinés et préfèrent-ils comme aliments les denrées produites par l'industrie humaine aux plantes sauvages que la nature leur offre dans les bois ? Ou bien les terrains à l'entour et au milieu des forêts sont-ils mieux cultivés aujourd'hui et présentent-ils par leur proximité un appât plus facile aux sangliers ? Cette dernière raison est certes pour beaucoup dans les dégâts constatés, mais la principale cause doit en être attribuée à un fait auquel on n'a pas reconnu jusqu'à présent l'importance qu'il mérite.

La nature, en créant les animaux, a produit en même temps les aliments nécessaires à chaque espèce. A ceux qui habitent les forêts elle a donné les produits qui poussent dans la forêt même. Pendant des siècles les sangliers se sont contentés de glands, de faînes, de noix, de noisettes, de merises, de pommes et de poires sauvages, de truffes, de champignons et de morilles. Aujourd'hui, grâce à la nécessité toujours croissante de faire argent de tout, le commerce arrache ces produits spontanés de la terre à l'alimentation des pauvres sangliers pour les livrer à la consommation des hommes. Les prunelles vont à la distillerie, les noisettes au marché, les noix et les faines chez le fabricant d'huile, les champignons, les morilles et les truffes sont accaparés par le pâtissier et le marchand de comestibles. Par surcroît de malheur, l'administration forestière fait extirper peu à peu toutes les espèces non nobles; les pommiers et les poiriers sauvages disparaissent et avec eux leurs fruits si agréables aux groins délicats. Enfin le gland, mets de prédilection du sanglier, lui a été enlevé par l'établissement des chemins de fer. La construction de ces grandes voies de communication a nécessité l'emploi d'une immense quantité de traverses en chêne qui servent à soutenir les rails. Pour se procurer ces traverses, les entrepreneurs ont passé des marchés dans toutes les contrées couvertes de forêts, et partout les chênes séculaires aux larges ramures sont tombés sous la hache des bûcherons. Au moment actuel, dans les forêts de l'Alsace, le promeneur ne rencontre presque plus de vieux chênes et les sangliers ne trouvent plus de glands. Que reste-t-il alors à ces pauvres bêtes si elles ne veulent pas mourir de faim?.... le vol dans les terres cultivées! — et si je qualifie de vols les déprédations des sangliers, j'ai tort, car il est de bonne guerre, puisque l'homme s'empare de la nourriture naturelle du sanglier, que ce dernier se rattrape sur les denrées artificielles destinées à la table de son plus cruel ennemi.

En Alsace, la chasse au sanglier ne se fait pas avec les grandes meutes et les brillants équipages du vautrait. Tout se passe bourgeoisement, et cela doit être dans un pays où il n'y a plus de seigneurs possédant de grandes fortunes territoriales. Il y a une trentaine d'années, l'on avait encore de beaux et bons chiens courants ; de nos jours on n'emploie plus guère que des bassets. Alors aussi on ne s'acharnait pas à une pauvre bête de compagnie ou à une laie accompagnée de quelques marcassins que nous sommes trop heureux de voir passer aujourd'hui ; alors il vous défilait des compagnies de 20, 30, 40 pièces ; les chasseurs dédaignaient les petits marcassins ; ils exerçaient leur adresse sur les grosses bêtes et souvent ils pouvaient faire, et quelquefois ils faisaient de magnifiques coups doubles. En ce temps-là il y avait encore parfois de ces beaux épisodes de chasse mêlés de plaisir et de crainte : un vieux solitaire blessé tenait ferme aux chiens... La meute acharnée l'attaquait avec furie, le prenant à la gorge et aux oreilles ; quel vacarme ! quels rudes assauts ! quels grands coups de boutoir et que de chiens éventrés jusqu'à ce que la bête eût reçu le coup de grâce !

Hélas ! je ne connais que par ouï-dire ces drames émouvants. Maintenant les chasses au sanglier ne sont que des corvées. Il n'y a plus de danger, mais aussi il n'y a presque plus d'émotions. Autrefois on était sept ou huit chasseurs, tous bons amis et bons vivants, aimant à rire et à plaisanter, partageant fraternellement leurs provisions et se moquant des maladroits, quel que fût leur rang ou leur position sociale. Aujourd'hui des invitations envoyées par la poste réunissent 15, 20, 30, 40 chasseurs dont les quatre cinquièmes se rencontrent pour la première fois. On se salue, mais on ne se parle pas. Aucune intimité et partant pas de gaité. Le troupeau des chasseurs suit le garde, qui les place et assigne à chacun le meilleur poste. A peine est-on placé que partent du côté opposé une trentaine de traqueurs. Ils crient, ils hurlent ! mais au lieu de marcher en ligne, ils se suivent par files pour éviter de se déchirer les mains et la culotte aux épines des broussailles. Beaucoup de bruit, peu de résultat, car la bauge se trouve au milieu des fourrés, et bien souvent Monsieur de la robe noire reste très tranquillement couché.

D'autres fois, quand il daigne se lever, c'est pour rebrousser plus tranquillement encore au travers de ces piailleurs qu'il ne craint pas. L'enceinte faite, on se dépêche d'en prendre une autre, puis une troisième, sans un instant de repos. Les traqueurs coûtent cher, et l'on tient à leur faire gagner leur salaire. Les chasseurs mangent comme ils veulent et comme ils peuvent, quelquefois en marchant d'une enceinte à l'autre, afin qu'il n'y ait pas de temps perdu. Et cela continue ainsi jusqu'à la tombée de la nuit. Aussi rentre-t-on de ces grandes chasses ennuyé, fatigué, éreinté et presque toujours bredouille !

La superstition populaire a fait au sanglier une vilaine réputation de méchanceté ; l'on se figure assez généralement qu'il attaque le chasseur dès qu'il l'aperçoit, afin de le déchirer à belles dents. Au contraire, le premier mouvement du sanglier qui passe la ligne des chasseurs est de se sauver, même quand on le blesse au passage. Ce n'est que lorsqu'il est fatigué par une longue poursuite, qu'il est acculé, que les chiens l'entourent et que le chasseur s'avance vers lui, que l'on voit de vieux solitaires entrer en fureur et devenir réellement dangereux. Cependant il est incontestable que la vue seule d'un animal sauvage de cette taille donne de l'émotion au chasseur, alors même qu'il a déjà tout son sang-froid pour les autres espèces de gibier, mais qu'il n'a jamais assisté à une chasse au sanglier. Le premier sanglier qui m'est venu m'a laissé calme jusqu'à ce que j'eusse vu qu'il continuait à courir après mes deux coups. Mais alors, quand avec la bête tout danger avait disparu, j'ai été pris d'un tremblement général, mes dents claquaient, mes genoux s'entre-choquaient et j'ai bien été cinq minutes avant de pouvoir maîtriser mon système musculaire. Au second sanglier, le tremblement a été moins prononcé et a duré moins longtemps. Depuis je n'ai plus rien ressenti.

Quand on se trouve à une traque au sanglier, la première condition et la plus essentielle, est de se cacher autant que possible et surtout de rester complètement immobile lorsqu'il se fait quelque bruit dans les broussailles. Le sanglier qui n'a pas la meute au derrière, flaire, évente de tous les côtés avant de passer la ligne, et il a le nez bon, l'œil perçant et l'oreille exercée ; tous ses sens sont d'une finesse extrême. Si vous faites le moindre mouvement, s'il vous évente, il rebroussera, y eût-il cent traqueurs derrière lui, et il forcera leur ligne sans s'inquiéter du bruit qu'ils font. En restant bien tranquille, on a encore un autre avantage, c'est quelquefois de voir la bête venir à soi sans défiance et de la pouvoir tirer sous bois. Ici un conseil : si vous ne tirez pas aussi bien que Bas-de-Cuir ou Gérard, le tueur de lions, si vous n'êtes pas sûr de lui loger une balle dans l'œil, ne tirez jamais en pointe, c'est un coup perdu. Si vous laissez venir le sanglier, il se présentera peut-être un peu en travers, ou s'il se retourne, vous aurez plus de chances de le tirer par derrière. L'on croit généralement qu'une aussi énorme bête ne peut pas s'approcher du chasseur sans faire beaucoup de bruit. Cela est vrai quand un gros sanglier est lancé par les chiens, car alors il passe comme un boulet de canon à travers tous les obstacles. Mais très souvent aussi le sanglier suivra un sentier garni d'herbes, et la plus grosse pièce peut vous débouler sans que vous l'ayez entendue venir. Quand elle vous passera, n'oubliez pas que pendant la course les poils (les soies) du dos se hérissent et donnent à la bête une apparence de grosseur énorme.

Si vous n'en tenez pas compte, vous tirerez trop haut, d'autant plus que la balle a toujours de la tendance à monter. Pour être sûr de son coup, il faut viser à une ligne représentée par la jonction du tiers inférieur avec les deux tiers supérieurs du corps de l'animal. Enfin n'oubliez pas que, si votre coup de fusil ne porte que dans la partie postérieure de la bête, la balle ne fera pas plus d'effet qu'un coup de fouet donné à un cheval. L'on a dépecé des sangliers qui étaient comme lardés de balles. Une triple graisse protège comme un triple airain cette partie de leur corps que je n'ose appeler par son nom, de peur qu'une lectrice effarouchée ne dise de mon article sur le sanglier ce que le maréchal de Vauban disait lui-même d'un traité qu'il avait fait sur le cochon.

Ruse

pour prendre les Corbeaux

On ne chasse pas le corbeau : on le tue... quand on peut, car on ne l'approche pas facilement. Le corbeau a conscience de sa réputation. Il sait que le paysan le déteste et qu'il passe pour un oiseau de mauvais augure. Aussi est-il très méfiant, et du plus loin qu'il aperçoit un chasseur, il s'envole hors de la portée de son arme.

L'âme du corbeau est-elle aussi noire que son plumage ? — Je ne saurais le dire. Je crois bien qu'il lui arrive de détruire quelques œufs de perdrix et de manger un peu de grain répandu dans les sillons à l'époque des semailles. Mais s'il commet ainsi des dégâts, il est certain qu'il rend aussi des services. Il dévore les vers blancs et les limaces, il débarrasse les champs de toutes les charognes, et quand les hommes se sont entre-tués dans l'intérêt des rois, les corbeaux s'abattent sur le champ de bataille et nous préservent de la peste en faisant curée des cadavres.

Ce qui a perdu le corbeau dans l'opinion publique, c'est sa robe noire, son cri rauque et son goût pour les chairs en putréfaction. Et cependant il remplit consciencieusement son métier de balayeur d'ordures et de croque-mort, et on devrait lui pardonner son costume funèbre et sa voix criarde en retour des services qu'il rend à la salubrité publique.

Il est de fait que le corbeau est l'objet de l'antipathie générale. La malignité publique le compare volontiers aux hommes d'église et aux hommes de loi. Je vois bien la ressemblance par la couleur de la robe, j'admets aussi quelque analogie entre les cris du corbeau, les prières des chantres d'enterrement et les éclats de voix de certains avocats d'assises, mais pour le surplus j'en suis réduit à me ranger de l'avis de Toussenel qui trouve l'origine de la comparaison dans l'habitude qu'ont les prêtres, les avocats et les corbeaux de parler le latin. Chacun sait qu'au palais et à l'église on emploie cette langue; quant aux corbeaux, l'auteur de l'*Esprit des bêtes* nous apprend qu'eux aussi parlent latin, parce qu'ils répètent sans cesse le mot *cras* qui veut dire demain. Toussenel en conclut que le corbeau nous encourage à compter sur un avenir meilleur.

J'ai dit que l'on ne fait pas la chasse aux corbeaux. Leur chair n'est pas bonne à manger. Un pot-au-feu de corbeau est loin de valoir un bouillon de bœuf. Cependant, quand les chasseurs rentrent bredouilles, ils tirent volontiers sur des troupes de corbeaux. Manière de se venger et de s'exercer. Mais le corbeau a l'œil au guet, et tirer sur un corbeau, c'est jeter son plomb au vent.

Il est cependant un procédé pour s'en emparer où la ruse du braconnier remplace avantageusement l'habileté du tireur.

Voici le stratagème pour les prendre. Il est décrit dans l'*Aviceptologie française*, par Buliard, traité général de toutes les ruses dont on peut se servir pour prendre les oiseaux. Il est souvent employé en Alsace.

En hiver, quand les champs sont couverts de neige, les corbeaux sont en peine de leur nourriture. Ils viennent la chercher dans le fumier répandu sur les routes. Il s'agit de spéculer sur leur faim. On confectionne de petits cornets avec du papier gris un peu fort. On les garnit dans le fond avec de la viande hachée et on enduit les bords avec de la glu. Ces cornets ainsi préparés sont piqués dans le fumier par la pointe, présentant ainsi leur ouverture béante à la voracité des corbeaux.

Les oiseaux affamés sont attirés par l'odeur de la viande. Ils viennent tournoyer au-dessus de la route. Ils hésitent longtemps. Enfin ils s'abattent et les voilà picorant de leur bec la charogne dans les cornets. La première bouchée sera la dernière, hélas! Le cornet gluant s'attache autour de la tête. L'oiseau cherche à s'en débarrasser et il n'y parvient pas. Il se débat, il tressaute, il bat des ailes. Enfin perdant la vue et la respiration, la pauvre bête s'enlève à une hauteur prodigieuse pour retomber aussitôt comme un plomb.

Cette chasse est fort amusante, car les corbeaux coiffés du petit éteignoir en papier se livrent à toutes sortes d'évolutions drolatiques, et l'on peut de cette façon en prendre un grand nombre.

Cara

Cara, ma chienne, était blanche avec des taches couleur café au lait. Fine de taille et admirablement musclée, elle courait et sautait comme le vent. C'était une bête de race, poil ras, oreilles longues, et la lèvre inférieure retombant comme chez les fumeurs qui abusent de la pipe. Ses yeux étaient bons et doux. Elle témoignait son affection, non seulement par son regard caressant et des allures câlines, mais par le frottement de son museau pointu, par les lécheries de sa langue rude et les frétillements de sa queue longue et mince.

Elle aimait la chasse passionnément. Il fallait voir ses gambades folâtres et entendre ses abois joyeux, quand son maître décrochait le fusil et endossait la carnassière. Folle de joie, elle prenait sa course et faisait à travers champs des randonnées fantaisistes. Mais aussitôt l'entrée en chasse, un signe ou un regard la ramenait près du chasseur. Elle allait à droite et à gauche dans les couverts, levant le nez, prenant le vent, regardant parfois en arrière pour s'assurer qu'elle était suivie et que le fusil était prêt. Quand alors elle rencontrait, l'on pouvait selon ses attitudes savoir quel gibier elle avait devant elle. Si c'était un lièvre, elle tombait brusquement en arrêt, le nez vers le sol, immobile, battant légèrement de la queue. Si c'étaient des perdreaux, elle s'arrêtait le nez en l'air, aspirant les émanations, puis quand la compagnie s'éloignait en piétant, elle suivait à pas comptés, se coulant, se glissant, s'arrêtant, rampant encore, jusqu'à ce que, au bout du champ, les perdreaux partaient, salués et abattus par le feu croisé des chasseurs.

Et comme elle était prompte à se lancer à la poursuite d'un lièvre blessé! Elle le gagnait à la course, le terrassait d'un coup de gueule, le mordillait à plaisir, et le rapportait pantelant aux pieds de son maître. Et quand un perdreau démonté essayait de se sauver et allait se blottir à l'endroit le plus touffu, comme elle savait le chercher et le découvrir, et comme elle était orgueilleuse de le porter tête haute, ayant l'air de dire : je l'ai trouvé ; le voici !...

Ce que je raconte sur *Cara*, on peut le dire de tout bon chien d'arrêt, mais j'en parle avec quelque émotion parce que tout chasseur se figure volontiers que son chien a des qualités exceptionnelles.

Et si vous voulez que je l'avoue... oui, *Cara* avait des vertus spéciales. En voici un exemple. Un jour, c'était à la fin du mois d'août, alors que les champs d'Alsace ne sont pas dépouillés encore, j'avais chassé depuis assez longtemps, il faisait très chaud et je n'avais rien rencontré encore. *Cara* avait disparu. J'appelle, je siffle, je regarde un peu partout... Rien, pas de *Cara*. Je vais plus loin, pensant qu'elle allait revenir auprès de moi. Attente vaine ! — Je rebrousse chemin, j'entre dans les champs couverts de chanvre, de maïs, de colza. Il s'était bien passé une demi-heure lorsque j'aperçus *Cara*. Au milieu d'un champ de maïs, elle était immobile... en arrêt. J'approche et je vois devant elle un lièvre au gite. La bête ne bougeait pas, fascinée par le regard du chien. Il fallut à coups de pied faire décamper le lièvre et le tirer au crochet. — Si je n'avais pas retrouvé *Cara*, elle serait encore en arrêt à la même place !

Hélas, *Cara* est morte ! — Pendant le bombardement de Strasbourg elle fut comme affolée. Les détonations continuelles des obus lui agaçaient les nerfs. Évidemment elle ne comprenait rien à cette canonnade à travers les maisons. Elle en tomba malade et il fallut la faire abattre.

Mais *Cara* a eu un fils qui s'appelait *Caro*. Il était né quelques mois avant la guerre, et lorsqu'il fallut abandonner la maison de campagne, le chien fut confié à un fermier du voisinage.

Caro avait alors environ dix mois. Il était de même robe et marqué comme sa mère, mais il était plus grand et plus fort.

Bientôt la maison fut occupée par une compagnie du 6e régiment d'infanterie badoise. Une centaine d'hommes s'installèrent dans les chambres, les greniers et les caves. Ils avaient pour lieutenant porte-drapeau une espèce de hobereau qui s'appelait le baron de Maifisch (poisson de mai — saumon). C'était probablement le descendant d'un cuisinier qui, plus heureux que Vatel, avait servi au dîner de son souverain quelque poisson merveilleusement accommodé et avait reçu, en récompense de ses talents culinaires, une particule et un titre.

L'officier rencontra *Caro* et s'en empara, mais il ne parvint pas à s'attacher le chien autrement qu'en le tenant en laisse. Par fanfaronnade il le surnomma *Chassepot*, et quand *Caro* s'évadait, l'on entendait le Maifisch crier : *Chassepot, hier !* (ici, *Chassepot*). Cela durait depuis quelques semaines, lorsque la compagnie reçut l'ordre de changer de campement. Le lieutenant monta à cheval, et comme *Caro*, attaché à une longue corde, refusait de marcher, il le plaça devant lui sur sa selle. Puis s'opéra le départ, mais à peine en route, *Caro* s'élance à terre, le cheval se cabre et le baron de Maifisch va rouler dans la poussière aux éclats de rire de la compagnie.

C'est ainsi que *Caro* a refusé de devenir allemand, et depuis il a toujours regardé comme une injure d'être appelé *Chassepot*.

PÊCHE

Le Poisson en Alsace

Dans le bon vieux temps, le poisson abondait en Alsace. Les montagnes n'étaient pas dénudées encore. Recouvertes de forêts, elles retenaient la pluie par le feuillage et les racines, et alimentaient d'une manière régulière les torrents et les ruisseaux. Aussi les cours d'eau étaient-ils plus forts et plus paisibles, conditions essentielles pour l'éclosion du frai. Il n'existait alors que de rares moulins et scieries, tandis que de nos jours l'industrie a utilisé partout la force motrice des courants. Les rivières ont été rectifiées ; on y a établi des barrages et des écluses. Les usines nouvelles ont troublé et sali les eaux. Amoureux de silence et de mystère, d'ondes fraîches et limpides, le poisson a dépéri dans les rivières agitées de remous et contaminées de résidus. Il faut dire aussi que le nombre des pêcheurs a considérablement augmenté, que les engins de pêche ont été perfectionnés, et enfin que les antiques et sévères règlements ont fait place à une tolérance qui ne protège plus que d'une manière bien insuffisante les animaux aquatiques que l'Église impose comme aliments pendant les jours maigres.

L'on a prétendu que le jeûne du vendredi avait été institué, non pas à titre de mortification et pour plaire à Dieu, mais pour faire vendre le poisson pêché dans les étangs des monastères et pour faire plaisir aux moines qui en tiraient profit. C'est là une explication fort contestable, mais il est certain qu'avec des saumons, des truites et des turbots, le carême du riche est fort supportable. Le pauvre use pendant l'année entière du droit de faire maigre, et il n'avait pas tort, celui qui a dit que le déjeuner d'un évêque le vendredi saint vaudrait toujours mieux que le diner d'un pauvre diable le dimanche de Pâques !

La richesse des rivières d'Alsace est attestée par les anciens historiens. Le marché de Strasbourg était renommé par la quantité de poisson qu'on y débitait. Les pêcheurs formaient dans les principales villes des corporations privilégiées. La pêche était sévèrement réglementée ; les jours étaient fixés ; la longueur des lignes et la forme des filets déterminées. L'évêque, les seigneurs et les abbés prélevaient la meilleure part de la pêche. Les droits de l'évêque de Strasbourg s'étendaient sur le Rhin, l'Ill, la Brusche et la Kinzig. Avant la Révolution, le droit épiscopal de pêche était affermé à la famille Dürr, établie de père en fils dans le quartier du Finckwiller, où elle conservait dans de grands coffres flottant dans l'Ill, des carpes moussues et des lottes centenaires.

La carpe, le brochet, la perche, le meunier, la tanche, l'anguille et le goujon étaient les principales espèces indigènes des rivières de la plaine d'Alsace. La truite se tenait de préférence dans les ruisseaux et les lacs des Vosges. Dans le Rhin on prenait à certaines époques l'esturgeon, l'alose et le saumon.

D'ordinaire l'esturgeon ne remontait pas jusque dans le Rhin supérieur. Aussi c'était fête à Strasbourg quand les pêcheurs capturaient un de ces poissons gigantesques. On les exposait dans la salle de réunion de la tribu. On percevait un droit d'entrée pour les voir. Il y en avait qui mesuraient deux à trois mètres de long et pesaient jusqu'à quatre cents livres.

Chaque fois que les grandes villes d'Alsace recevaient quelque visite princière, les saumons du Rhin, les carpes et les brochets de l'Ill figuraient au festin ou parmi les dons de joyeuse arrivée. Dans son charmant livre: *l'Alsace à table*, Gérard raconte que lors de l'entrée solennelle de l'empereur Maximilien à Strasbourg, en 1496, la ville gratifia ce prince de cent pièces de brochets et de carpes. Il dit aussi : « Aux fêtes offertes par Stras« bourg à Louis XV, en 1744, les pêcheurs qui « donnaient au roi le spectacle d'une pêche arran« gée sur l'Ill, en retirèrent devant lui des brochets « du poids de 36 livres. » — Le 13 juin 1790, lors de la fête de la Fédération, célébrée à la *Metzgerau*, près Strasbourg, la corporation des pêcheurs présenta au maire, comme hommage à la Patrie, deux carpes du Rhin, pesant chacune vingt-cinq livres.

Dans les torrents et ruisseaux des Vosges, l'existence des poissons ne manque pas de charme. Le fond de l'eau est un séjour agréable. Il y a là du sable fin, des roches moussues, de longues herbes qui ondulent avec le courant. C'est toute une végétation spéciale, plus déliée dans son feuillage que les plantes qui croissent en plein air. Il est de mystérieux refuges où le poisson vit heureux et tranquille. Là, il glisse doucement, fendant l'eau de sa tête pointue et dirigeant son essor d'une simple flexion de la queue. Quand le soleil luit, les profondeurs sont illuminées d'une manière fantastique ; les rayons se brisent et se réfractent, et l'onde cristalline resplendit de toutes les couleurs de l'arc-en-ciel. Parfois les eaux sont à ce point transparentes, qu'on peut regarder tout au fond, et c'est chose curieuse que de voir tout un monde d'êtres étranges, les uns immobiles et ne hasardant que de rares mouvements, les autres souples et agiles, prompts à poursuivre et à happer leur proie. Ces mœurs sous-marines, peu étudiées autrefois, ont été mises au grand jour par les aquariums. C'est là que l'on peut connaître la vie des poissons et que l'on arrive à constater que les bêtes à sang froid ont aussi leurs passions, dont la principale est, sans contredit, la gourmandise.

Voyez cette mouche aux reflets d'or qui flotte sur l'eau du torrent. Un fil invisible la rattache à la ligne que tient le pêcheur. La truite embusquée derrière une roche guette sa proie. Elle observe la mouche — tout est tranquille — l'instant est favorable — rapide elle s'élance... et c'est elle qui est harponnée par l'hameçon perfide. Arrachée à l'eau fraîche, elle sera bientôt plongée dans l'eau bouillante et servie au bleu!

De nos jours, la pêche tend de plus en plus à dégénérer. Ce n'est plus un art, mais une industrie. A certains endroits, les flots du Rhin ont creusé des excavations insondables où des poissons centenaires vivent dans un fouillis d'herbes épaisses et de branches vermoulues. Impossible d'y jeter le filet... Qu'a-t-on imaginé? — On y lance des balles explosibles, et bientôt les vieilles carpes viennent expirer à la surface de l'eau où elles sont ramassées par les braconniers.

Ce n'est plus la pêche, mais la destruction. Encore quelques années de ce régime meurtrier, et le poisson, malgré sa fécondité prodigieuse, sera chose rare comme le gibier!

La Pêche du Saumon

dans le Rhin

Le gibier est parti et le poisson s'en va! Nos ancêtres d'Alsace vivaient de la chasse et de la pêche; ils faisaient gras et maigre à volonté, et mon ami Gérard, dans son curieux livre: *l'Ancienne Alsace à table*, a donné le menu de leurs festins pantagruéliques. Ces beaux jours ont passé. Aujourd'hui le gibier est plus rare et plus cher; le poisson diminue en quantité et augmente de prix.

Sous prétexte de protéger le gibier, les ordonnances et les arrêtés ont dépeuplé nos champs et nos bois. En desséchant les marais, en traçant des chemins dans les forêts, en coupant les chênes pour en faire des traverses de chemin de fer, on a éloigné les bécassines et les faisans, les chevreuils et les sangliers. La progression effrayante du nombre des permis de chasse et les fusils illégitimes des braconniers ont fait le reste. Le gibier se meurt et dans cinquante ans le lièvre sera classé parmi les animaux fantastiques.

La dépopulation de nos rivières est tout aussi manifeste. A quoi l'attribuer ? A une consommation plus grande, à une réglementation défectueuse, à la rectification des cours d'eau, et surtout à la passion pour la pêche à la ligne qui augmente dans des proportions vraiment effrayantes.

C'est en Alsace qu'ont eu lieu les tentatives les plus intelligentes pour remédier à la pénurie du poisson. L'établissement de pisciculture d'Huningue a fait des expériences heureuses appliquées plus spécialement à la multiplication de la truite. Espérons que le jour est prochain où l'éclosion artificielle pourra rendre à l'alimentation tout ce qu'elle a perdu. Le véritable rôle de la science est de faciliter et d'améliorer la nourriture du genre humain.

En attendant, l'Alsace fournit encore du poisson en quantité respectable. Toutes les espèces d'eau douce y sont pêchées depuis le modeste goujon jusqu'au superbe saumon ; les ruisseaux cascadants des Vosges fournissent des truites ; l'Ill donne encore quelques-uns de ces brochets aux reflets d'acier si appréciés des gourmets, et le Rhin recèle dans ses profondeurs les dernières carpes centenaires. Enfin l'écrevisse que l'Académie a si heureusement définie : « *petit poisson rouge qui marche à reculons* », l'écrevisse n'a pas encore passé à l'état mythologique.

Parmi tous ces poissons, le saumon mérite le premier rang et par sa taille et par la délicatesse de sa chair. Il jouit de la faculté de pouvoir vivre indifféremment dans l'eau salée de la mer et dans l'eau douce des rivières. Pendant l'été le saumon quitte la mer du Nord et remonte le Rhin jusqu'au delà de Bâle. Il s'arrête à Laufenburg où les rochers et les cascades lui barrent le passage. La pêche ne commence guère avant le mois de juin et dure jusqu'en novembre et décembre, époque où le saumon fraie. La femelle, avec sa tête, creuse un trou dans le gravier et pond ses œufs dans cette espèce de nid. Le mâle passe dessus et les féconde avec sa laitance. L'incubation dure de sept à huit semaines Les saumoneaux, nés en janvier ou février, restent dans le Rhin environ seize mois, c'est-à-dire jusqu'au mois d'avril de l'année suivante ; alors ils s'en vont par bandes vers la mer, se laissant aller au courant du fleuve.

Les saumons ne mangent pas de poissons dans les eaux douces : il est même probable qu'ils n'y mangent pas du tout, car en les découpant on ne trouve pas trace de nourriture. Aussi dans l'eau douce le saumon maigrit toujours, et au moment où il fraie, sa chair cesse d'être rouge et devient presque blanche. C'est bien le cas de dire que l'amour lui fait perdre l'appétit, et le saumon donne ainsi la preuve d'une tendresse paternelle bien supérieure à celle d'Ugolin qui mangeait ses enfants pour leur conserver un père.

La pêche du saumon dans le Rhin se fait au moyen de filets, mais elle est pratiquée, selon les localités, de diverses façons. L'engin ordinaire consiste dans un grand filet carré muni d'une longue perche. Ce carrelet est disposé au fond de l'eau et au-devant est tendu verticalement un autre filet aux mailles très larges. Le saumon peut y passer facilement, mais il frôle toujours plus ou moins le filet qui, au moyen de ficelles, fait retentir une sonnette. Aussitôt le pêcheur accourt, fait jouer le balancier du carrelet, et le saumon est pris.

D'autres fois les pêcheurs s'en vont passer la nuit sur un banc de sable du Rhin. Ils ont soin de choisir un ciel sans nuages et un beau clair de lune. Le saumon se repose le jour et voyage la nuit. A quelques mètres du banc de sable est dressé avec des perches un petit échafaudage de trois mètres de haut qui se termine par une espèce de siège. Là s'installe le guetteur. Il surveille le fleuve et comme le saumon en remontant le Rhin nage à fleur d'eau, un sillage décèle son approche. Aussitôt le guetteur agite son chapeau et à ce signal une barque se détache en amont du banc de sable, le filet est jeté et la capture est faite... à moins cependant que le guetteur n'ait été trompé par les reflets ondoyants de la lune. La bonne et la mauvaise chance varient selon la bonne ou la mauvaise lune.

Le procédé que nous venons de décrire a été perfectionné avec une perfidie vraiment diabolique. L'homme, grand observateur des défauts d'autrui, s'est aperçu que le saumon était sujet à des accès d'une jalousie comparable à celle du tigre. Son sang froid bouillonne volontiers, et quand on est passionné, on oublie d'être prudent. Tout un procédé de pêche a été basé sur la jalousie des saumons.

Lorsqu'au mois d'octobre les glaciers de la Suisse ont cessé de fondre, que les torrents sont à sec et que le Rhin, réduit à l'état de simple rivière, charrie mélancoliquement ses eaux vertes le long d'immenses bancs de sable, l'on voit les pêcheurs des villages riverains suivre attentivement les bords des petits bras du fleuve et chercher une place favorable à l'exercice de leur industrie. Quand ils rencontrent un petit cours d'eau clair et rapide, pas trop large, pas trop profond et qu'au fond le gravier forme un trou où les cailloux reluisent, ils s'arrêtent : c'est l'endroit cherché. C'est là que les femelles de saumon aiment à déposer leur frai, et pour faire une pêche fructueuse, c'est là qu'il faut s'établir pendant deux ou trois mois.

Sur le bord du chenal on construit une petite hutte où les pêcheurs passeront jours et nuits. Dans l'eau sont disposés deux filets : l'un est tendu en travers du ruisseau perpendiculairement au courant, l'autre, d'une surface de trois mètres carrés environ, est placé au fond de l'eau en avant du premier filet. Les deux engins, attachés ensemble, forment un angle droit, le filet perpendiculaire est fixe, le filet immergé est mobile et peut, au moyen de cordes aboutissant à la hutte, être soulevé pour se replier contre le filet perpendiculaire. Tout étant ainsi disposé, il s'agit de placer l'amorce. C'est un saumon qui joue le rôle d'agent provocateur. On lui passe sous les narines une corde dont l'extrémité correspond à une sonnette pendue dans la cabane. On le met à l'eau après avoir pris soin de lui casser deux dents pour l'empêcher de couper la corde qui le retient ; puis on le laisse circuler au milieu des engins et les pêcheurs fument leur pipe en attendant le succès de leur stratagème.

Et alors voici ce qui se passe. Une grosse saumonne a quitté l'Océan pour aller faire son voyage de noces en Suisse. Souvent elle ne se contente pas d'un amoureux, elle en traine deux à sa suite. Ces deux-là se querellent bien un peu pendant la route, mais à la longue ils finissent par s'entendre et se partagent les faveurs de la dame. Celle-ci arrivée près de l'endroit fatal, est séduite par la limpidité des eaux et ne peut résister au plaisir de déposer sur cette couche de brillants cailloux, les germes d'une nouvelle famille. Les deux compagnons de voyages s'apprêtent à glisser amoureusement sur le lit choisi par leur bonne amie et tout irait pour le mieux dans le meilleur des ruisseaux possible, lorsque parait le saumon captif. C'est un nouveau rival : être deux c'est beaucoup ; être trois c'est trop ! Aussitôt l'un des maris de la saumonne fond comme un trait sur le nouveau venu et l'attaque avec fureur. Le pauvre poisson, qui a la corde au cou et les dents cassés, ne pouvant se défendre, cherche à fuir, mais le saut de carpe qu'il fait, tend la corde et met en branle la perfide sonnette. Les pêcheurs s'élancent, l'un s'empare de la corde attachée aux narines du fuyard et le dirige vers le filet où le mari jaloux s'élance à sa suite ; alors l'autre pêcheur tire sur le filet horizontal qui vient s'appliquer contre le filet vertical, et la jalousie compte une victime de plus !

La pêche du saumon est, on le voit, assez originale, mais ce qui vaut mieux, elle est fort productive, car il arrive souvent que deux pêcheurs prennent dans la même journée cinq ou six saumons de dix à trente livres. En Alsace, la pêche dure deux mois environ et le poisson vaut d'ordinaire deux francs la livre. C'est une industrie assez lucrative.

Ce qu'il y a d'extraordinaire, c'est que parmi les pêcheurs qui abusent de la jalousie des saumons et en constatent journellement les funestes conséquences, il y en ait qui sont eux-mêmes jaloux. J'en connais un qui l'est beaucoup et non sans motifs, mais je dois dire à sa louange qu'il se venge sur la vraie coupable, qui apprend aux dépens de son échine que les animaux sont sujets aux mêmes passions, qu'ils aient dans les veines du sang chaud ou du sang froid.

Les Écrevisses

Au moyen âge, les chevaliers avaient le corps tout bardé de fer : casque avec visière, cuirasse avec corselet, cotte de mailles, brassières et jambières. Alors que les armes à feu n'existaient pas, cette armure était une protection suffisante contre les coups de lance et d'épée, mais aussi combien toute cette ferraille était lourde et incommode ! S'il avait fallu la garder toujours, l'homme le plus robuste n'y aurait pas résisté. Et pourtant la nature a formé des êtres enveloppés d'une armure complète qui ne les quitte ni le jour, ni la nuit. Sans parler des crocodiles, des tortues et des homards, regardons au fond de nos rivières et examinons l'écrevisse.

Ce petit crustacé est admirablement organisé pour la défense et pour l'attaque. Tout son corps est couvert d'une croûte calcaire fort dure. La tête, allongée en pointe, est protégée par deux cornes latérales; les yeux peuvent à volonté sortir de leur orbite et y rentrer; deux paires d'antennes servent à tâter le terrain; la bouche, fendue en long, n'a pas de mâchoire inférieure, mais elle est aidée par deux petites mains barbues qui lui présentent la nourriture; la queue est formée de six anneaux articulés qui en se courbant garantissent l'abdomen; son extrémité, composée de lamelles bombées, se meut comme un éventail et sert à guider la natation ou la marche: enfin l'écrevisse a dix pattes dont les deux premières, très élargies, se terminent en forme de pinces dentelées, capables de saisir, de serrer et d'écraser comme feraient de fortes tenailles. Ajoutons que cette petite bête est constituée de manière à pouvoir vivre dans l'eau et sur la terre... pendant quelques jours tout au moins.

Voilà certes des avantages exceptionnels, et l'on serait tenté de croire que l'écrevisse est à l'abri de tous les dangers. Hélas! il n'en est rien. Son existence est pénible et mal assurée. Elle doit chercher sa nourriture et se garer des atteintes de l'ennemi. Manger... ne pas être mangé!... cette double préoccupation ne laisse pas que de troubler la vie la plus calme en apparence.

Combien l'écrevisse est tenue d'user de ruse et

de patience pour trouver son alimentation, passer des journées et des nuits aux aguets; garder l'immobilité la plus parfaite; se jeter sur sa proie au moment propice.. et recommencer toujours, car l'appétit est permanent et la voracité grande. Aussi l'écrevisse est-elle toujours en chasse et gare aux grenouilles et aux petits poissons !

Mais en même temps qu'elle attaque les autres, elle est obligée de se défendre, car ses ennemis sont nombreux. Le gros poisson blanc, l'anguille, les rats et les oiseaux aquatiques, et surtout l'homme, lui font une guerre acharnée. Et malheureusement il est une époque de l'année où l'écrevisse quitte son armure. A la fin de juin sa carapace tombe et elle reste nue et molle. C'est alors qu'elle court les plus grands risques d'être mangée, mais par contre les pêcheurs ne la recherchent pas, car elle n'est pas bonne pour la table.

Ce changement de carapace est nécessité par la croissance de l'écrevisse. Dans les premières années elle subit deux ou trois mues : quand les enfants grandissent, il faut élargir leurs vêtements. Plus tard la mue n'est qu'annuelle, et après l'âge de vingt ou trente ans, les vieux ne changent plus d'enveloppe. La taille n'augmente plus et on use ses vieux habits.

Quelques jours après la mue, la carapace se reforme. La matière calcaire qui la fournit est sécrétée par deux petites pierres blanches placées dans l'estomac et auxquelles la superstition attribuait autrefois des vertus spéciales. Les sorcières s'en servaient volontiers pour leurs philtres et mixtures.

L'écrevisse jouit d'une faculté précieuse : elle peut renouveler ses membres perdus. Qui n'a remarqué que les deux pinces ne sont pas toujours de la même grandeur ? C'est que l'une a été mutilée. Elle se reforme à la prochaine mue, mais le bénéfice de la croissance est perdu pour la nouvelle pince et la disproportion persiste pendant des années. Pourquoi donc l'espèce humaine ne jouit-elle pas de cette faculté de reproduction ? Un bras amputé ne repousse pas et c'est tout au plus si la mécanique peut fournir un membre articulé. Dire que sous ce rapport nous sommes inférieurs à l'écrevisse !

Quand, après la mue, la carapace a repris sa dureté, et que les pinces sont redevenues fortes, l'écrevisse peut se défendre, mais alors aussi elle est plus spécialement réclamée par les gourmets et la pêche recommence.

Pour la prendre, les procédés sont nombreux. Le plus ancien, mais qui est toujours employé, consiste à entrer dans le cours d'eau, à relever les pierres, ou à fourrer les doigts dans les trous de la berge, pour prendre les écrevisses à la main. L'on y risque de se faire pincer un doigt, mais comme la tenaille ne lâche pas ce qu'elle a saisi, l'on retire facilement la bête de la cavité où elle se cache.

Ce procédé, tout primitif, a été perfectionné. L'on s'est avisé de couper des épines noires et de les réunir en fagot, en plaçant au milieu quelque chat crevé. Les épines sont liées très légèrement et placées au fond de l'eau où elles sont retenues par de grosses pierres. Quant on relève le fagot, on le trouve rempli d'écrevisses que la charogne a fait entrer et que les épines ont empêchées de sortir.

L'étude attentive des mœurs de l'écrevisse a fait imaginer deux autres modes de capture qui donnent d'excellents résultats.

Le premier consiste à employer un filet cylindrique formé de deux cercles en fer, ouvert par le haut, fermé par le bas. Ce filet est posé à plat au fond de l'eau. Au cercle supérieur sont attachées trois ficelles de manière à constituer une espèce de balance. Le plateau est muni d'une amorce et les trois ficelles de la balance sont rattachées à une baguette fixée au rivage. On place ainsi une vingtaine de balances le long du cours d'eau et on les relève tour à tour. Les écrevisses attirées par la gourmandise sont prises dans le sac formé par le filet entre les deux cercles de fer. Cette pêche est très productive.

L'autre procédé consiste dans l'emploi d'un petit verveux formé de plusieurs cercles entourés de mailles et disposé de façon que l'entrée ait la forme d'un entonnoir tourné vers le fond du verveux, où se trouve l'appât. Cet engin, fixé à deux baguettes, a sa pointe en amont et l'entonnoir en aval, car d'ordinaire l'écrevisse remonte le courant. Attirée par l'appât, elle vient tourner autour du petit verveux et essaye de passer ses pinces à travers les mailles, mais elle n'arrive pas à toucher la grenouille ou le morceau de viande fixé au milieu. Alors la voracité l'emporte sur la prudence, et elle se décide à entrer par l'entonnoir, mais comme l'entrée en est fort étroite, elle ne parvient pas toujours à y passer. Qu'importe, elle se retourne; elle avance en reculant; la queue pénètre d'abord, puis les pieds et les pinces... et l'écrevisse est prise : ce que c'est que de faire les choses à l'envers du bon sens!

La pêche des écrevisses a, dans ces dernières années, pris un développement énorme. En huit mois, Paris en consomme près de cinq millions. Aussi, malgré leur fécondité phénoménale, les écrevisses diminuent sur les marchés, et dans beaucoup de pays défense est faite de les pêcher, afin de permettre le repeuplement.

L'Alsace a, de tout temps, joui de la réputation d'avoir de belles écrevisses. On en prenait dans les ruisseaux de la plaine et de la montagne, mais les meilleures étaient pêchées dans l'Ill et plus particulièrement à Nordhausen, et à la Wantzenau, près de Strasbourg.

D'ordinaire on les servait en buisson, où elles faisaient bonne figure en raison de leur grosseur. Le potage à l'écrevisse est d'origine alsacienne et il faut reconnaître que les petites queues roses nageant dans le bouillon gras et rouge ont la propriété de chatouiller agréablement le palais et d'aiguiser l'appétit. Pendant des années les baigneurs de Niederbronn allaient manger des bisques d'écrevisses au Bærenthal, à l'auberge du *Bœuf*.

Il est une autre manière de les accommoder qui n'est guère connue que de rares gourmets. J'entends parler du *foie d'écrevisses* inventé par un maître d'hôtel de Schlestadt. Exécuter ce plat n'est pas chose facile[1]. C'est une espèce de bouillie d'écre-

---

1. Voir la recette du foie d'écrevisses dans l'*Alsace à table*, de Ch. Gérard, page 76 (2ᵉ édition).

visses accommodée avec du lait et des œufs et assaisonnée de sel et de poivre. Il paraît que ce mets extraordinaire a le goût du foie d'oie qui lui a donné son nom. Ceux qui en ont mangé disent qu'il est fondant et savoureux, mais quelques-uns prétendent que le foie d'écrevisses n'est réellement exquis qu'à la condition que les écrevisses aient été pilées avant d'être cuites.

Quant à moi, je crois que là-dessus il faudrait consulter les écrevisses, et je suppose qu'elles ne se soucient pas plus d'être vivantes pilées dans un mortier que d'être vivantes jetées dans l'eau bouillante. J'ai des raisons de penser qu'elles aimeraient mieux ne pas être mangées.

INDUSTRIES

Le Schlittage des Bois
dans les Vosges

Avant l'établissement du chemin de fer des Vosges, on allait de Strasbourg à Barr au moyen d'une vieille patache traînée par trois chevaux dont la paisible allure protestait contre le nom de diligence inscrit sur le véhicule. On partait à quatre heures du soir de l'hôtel de la *Vignette*; on sortait par la porte de la Tour-Blanche, et bientôt, au delà des champs aux cultures variées, on voyait à l'horizon la chaîne des Vosges. A droite, au-dessus d'Ottrott, les ruines de Lutzelbourg et de Rathsamhausen, en face le couvent de Sainte-Odile, et plus à gauche, le rocher du Mennelstein formant l'extrémité de l'immense et gigantesque circonvallation qui porte le nom de mur des Païens. La voiture cahotait doucement sur la route bordée d'arbres fruitiers; l'on s'arrêtait à tous les cabarets et l'on avait le temps de voir les jolis villages dont aujourd'hui on n'aperçoit plus que le nom inscrit sur des stations qui se ressemblent toutes. C'était chose curieuse cependant que ces maisons aux larges toitures sous lesquelles sèchent les épis de maïs et les feuilles de tabac, avec leur charpente en bois sculpté, leurs fenêtres garnies de petites vitres rondes, la grange et l'étable, le verger et le potager et les poules picorant sur un gros tas de fumier placé en évidence comme pour affirmer que l'agriculture est la source du bien-être des habitants. Enfin l'on gravissait la dernière colline, couverte de vignobles, et l'on entrait à Barr, petite ville aux rues étroites et raboteuses, aux vieilles maisons à pignons hauts et pointus, aux sombres tanneries dégageant des odeurs désagréables.

Un bon gîte s'offrait à l'auberge de la *Couronne* où le souper comportait, comme plats habituels, d'excellentes truites au bleu et une délicieuse tarte aux prunes, le tout arrosé d'une vieille bouteille du joli vin rouge d'Ottrott.

C'est de Barr que partaient les excursions dans les montagnes. Tantôt l'on se dirigeait vers le couvent de Sainte-Odile, tantôt vers le Hohwald, la Rothlach ou le Champ-du-Feu.

La description des Vosges n'est plus à faire. C'est

la Suisse sans les glaciers et les grands lacs. Si vous voulez apprécier la magnificence du panorama, allez vous asseoir sur quelque bloc de rocher de Mennelstein, à l'extrémité de la croupe du mont Sainte-Odile et regardez : à droite, à gauche, en arrière, des montagnes et des montagnes, la plupart couvertes d'épaisses forêts, quelques-unes dénudées au sommet, et ressemblant au crâne tonsuré d'un moine. Au-devant de vous, au pied du précipice formé par les roches, les cimes des sapins ondulent comme une mer de verdure ; par-ci, par-là, quelques prairies coupées d'un filet d'eau ; des troupeaux aux clochettes retentissantes, puis des collines envahies par les vignobles et la culture ; plus loin, la vaste et riche plaine d'Alsace, les champs aux vives couleurs, les nombreux villages avec leurs clochers pointus, les rivières bleues, les routes blanches, et enfin, à l'horizon brumeux, le filet d'argent du Rhin et la flèche de la cathédrale de Strasbourg se détachant sur le fond sombre de la Forêt-Noire!... Allez-y voir, le spectacle en vaut la peine.

Comment les forêts des Vosges sont-elles exploitées? C'est ce que je me propose de raconter. Pour qui connait le charmant album de Théophile Schuler, avec texte par A. Michiels, intitulé: *les Bûche-*

rons et les Schlitteurs des Vosges, mon récit arrive un peu tard et n'apprendra rien de nouveau. Mais le sujet est bien intéressant et je lui dois une des plus vives et persistantes impressions de ma jeunesse. A ce titre, le schlittage des bois dans les Vosges devait figurer parmi mes souvenirs d'Alsace.

Sur les deux versants des Vosges, la surface boisée couvre plus de 500,000 hectares. Pendant des siècles les parties les plus élevées de ces montagnes restèrent inexploitées ; des arbres gigantesques pourrissaient sur pied, et le silence de la solitude n'était troublé que par le bruit des cascades et le chant du coq de bruyère.

Exploiter les bois qui garnissent les cimes des Vosges n'était pas chose facile. Pas de routes ! pour chemins les lits desséchés des torrents ; partout des escarpements inabordables aux voitures, des ondulations de terrains coupés de précipices, de ravines, de rochers. Il ne suffit pas d'abattre un arbre centenaire... on en vient à bout avec la hache et la scie... mais il faut descendre dans la vallée le tronc, les bûches, les écorces, les fagots. Comment faire ? Ce qui paraissait impossible a été exécuté ! Quand l'homme a intérêt à faire une chose, il la fait. Le génie inventif de l'un trouve le procédé ; la misère de l'autre l'oblige à fournir le travail.

La difficulté de l'exploitation a été vaincue par le *schlittage*. Il consiste dans une espèce de chemin de fer dont les rails sont formés par des madriers et dont la locomotive est remplacée par un traineau auquel s'attelle un homme dont la force musculaire est employée tour à tour à trainer ou à retenir le véhicule, pesamment chargé de troncs d'arbres ou de fagots.

Quand il s'agit de faire une coupe sur des cimes inaccessibles, on trace avec des piquets une ligne qui suit les contours et la pente de la montagne. Le problème consiste à obtenir une inclinaison douce, et on y arrive en contournant les collines, en évitant les escarpements, en franchissant les bas-fonds, en faisant mille circuits pour aboutir dans la vallée. Le chemin tracé, il faut le construire. Sur tout le parcours, les arbres sont coupés et les matériaux qu'ils fournissent servent à établir le *Schlittweg*. Il ressemble à une échelle sinueuse couchée à terre et se compose de montants parallèles fixés dans le sol au moyen de piquets et réunis par des traverses. A la rencontre des dépressions du terrain on exhausse le sol par des bûches de bois; quand il faut franchir une large ravine ou quelque gorge béante, on construit des ponts, et au besoin des viaducs formés de madriers arc-boutés et chevronnés, s'élevant quelquefois à double étage.

Le chemin construit, il s'agit de fabriquer les traineaux : les *schlittes*. Ils sont faits de bois léger, mais solide, d'ordinaire du frêne. Les jambages se redressent pour former les brancards entre lesquels se place le schlitteur. L'écartement est de deux pieds et, grâce à la disposition des chevrons, le traineau peut recevoir une charge énorme. Les jambages sont garnis de semelles formées de bandes de bois mince, sec et poli, graissées de suif, qui peuvent être remplacées quand le glissement les a usées. Un traineau ne pèse guère plus de douze à quinze kilogrammes et revient à six francs environ.

Pendant que les schlitteurs construisent le chemin et confectionnent leurs traineaux, les bûcherons travaillent dans la coupe, et préparent les bois à transporter.

L'opération commence par l'arpentage de la coupe, puis vient le martelage des arbres qui sont désignés pour la mort. Autrefois on abattait les vieillards de la forêt avec toute leur ramure, mais depuis longtemps, pour éviter les dégâts causés par la chute, on commence par les ébrancher. C'est la toilette des condamnés. On procède de bas en haut et les tronçons des branches inférieures coupées servent d'échelons pour atteindre la cime où on ne laisse qu'un petit bouquet de verdure, dernière parure de celui qui va mourir.

Quand ces préparatifs sinistres sont terminés et que le vieil arbre est là, long, dépouillé et nu, alors s'avancent les bourreaux armés de haches. Ils choisissent le côté couvert de mousse, parce que c'est là que le fer pénètre le plus facilement. Ils s'arc-boutent du pied contre le tronc et lèvent les bras, la hache brille et s'abat sur l'écorce. L'arbre n'a pas bougé. Que peuvent ces pygmées contre ce colosse! — Mais les coups redoublent, l'entaille s'élargit. Quand la hache ne peut plus mordre dans la plaie, on y applique la scie. D'un mouvement cadencé les deux bûcherons tirent la lame dentelée qui pénètre jusqu'à la moelle centrale. L'arbre n'a pas tremblé; mais alors on apporte des coins ferrés, on les introduit dans l'ouverture, et on les frappe du dos de la hache. L'arbre tient encore, mais il a frissonné jusqu'au sommet. De nouveau on applique la scie et il ne reste plus que quelques pouces à trancher... Tout à coup l'arbre oscille, soupire, penche, et enfin s'abat avec un bruit formidable, cassant les branches de ses voisins, faisant fuir les oiseaux, réveillant les échos d'alentour qui semblent répercuter les éclats du tonnerre.

Quand le géant est par terre, alors se fait le nettoiement par l'ablation des tronçons de branches, et l'écorçage qui se pratique avec un levier; puis les grosses branches sont façonnées et forment des piles de bois de chauffage; les petites sont liées en fagots; enfin le tronc est scié à des longueurs de 4 et de 6 mètres, pour servir comme bois de charpente ou être débité en planches à la scierie de la vallée.

Il y a dans les Vosges des arbres de dimensions extraordinaires : 50 mètres de haut, 4 ou 5 mètres de circonférence, qui donnent de 50 à 60 stères de bois. Dans la forêt de Strasbourg on en cite qui avaient 2 mètres de diamètre et qui ont fourni plus de 120 stères.

L'œuvre des bûcherons est terminée, celle des schlitteurs commence. C'est la plus pénible et la plus dangereuse.

Le traineau est placé sur le *schlittweg*, à proximité des piles de bois formées par les bûcherons. Les bûches et les fagots sont rangés en travers des schlittes, puis des piquets sont fixés aux quatre coins du chargement et d'autres bûches empilées atteignent jusqu'à 2 mètres de haut; enfin une corde est lancée par-dessus, serrée et fixée à l'arrière. Tout est prêt... mais un seul homme pourra-t-il mettre en mouvement cette pyramide énorme qui comporte bien 6 mètres cubes de bois?

Cependant le schlitteur se place devant le traineau, il empoigne les brancards, il tire, il agite par des secousses saccadées la lourde machine, et il parvient à la mettre en mouvement, elle glisse, elle s'avance, et bientôt, au lieu d'activer, il faudra ralentir sa marche. Alors le schlitteur raidit ses pieds sur les traverses et supporte avec son échine tout le poids de la charge.

Quelquefois deux traineaux sont accouplés pour charrier un même fardeau. Les troncs de grande longueur sont posés sur une première schlitte, appelée *le bouc* à cause de ses brancards recourbés comme des cornes, et sur une deuxième schlitte, dépourvue de brancards, qui se nomme *la chèvre*. La manœuvre est plus difficile, et le schlitteur qui dirige la marche est aidé par un homme qui, au moyen d'une corde, maintient le second traineau dans la bonne direction.

Enfin l'on arrive au chantier de la vallée; là se fait le déchargement, et puis le schlitteur remonte le même chemin en portant le traineau sur les épaules.

Les bois sont enlevés du chantier par des voitures trainées le plus souvent par des bœufs. Les chemins sont mauvais et ce n'est pas sans peine que les troncs des sapins centenaires arrivent à la scierie, leur destination habituelle, ou, par exception, à quelque port de mer pour servir à la mâture d'un vaisseau qui fera le tour du monde.

Le schlittage ne dure que quelques mois. Il y faut un temps sec et c'est la température de l'automne qui s'y prête le mieux. Pendant les pluies le travail doit être interrompu, car sur les chemins mouillés les traineaux glissent et les efforts du conducteur seraient impuissants à arrêter leur impulsion toujours plus forte.

L'existence des schlitteurs est des plus misérables. Le salaire n'est pas proportionné à la peine. Un travail aussi dur devrait être très bien payé : c'est tout le contraire. L'entrepreneur de la coupe spécule sur la misère des campagnards et il ne manque jamais d'ouvriers, car il faut vivre et faire vivre la famille. Quand les petits enfants n'ont pas de pain, le père accepte tous les métiers, même les plus pénibles et les plus dangereux.

Pendant la bonne saison, schlitteurs et bûcherons habitent, au haut de la montagne, une petite baraque qu'ils construisent eux-mêmes. Elle est formée de troncs d'arbres superposés, dont les joints sont bouchés avec des écorces et de la mousse; la toiture est faite de solives croisées et de branches laissant une ouverture pour la fumée. L'intérieur est tout aussi primitif; tout à l'entour règne une espèce de banquette formée par des planches et remplies de ramilles de sapins: c'est le lit où les hommes couchent tout habillés. Au milieu, un poêle qui sert à faire la cuisine. La nourriture se compose invariablement de pommes de terre, tantôt cuites à l'eau, tantôt rôties sous la cendre. On y ajoute un peu de sel et un morceau de lard. Pas de fromage, pas de lait, pas de vin. L'eau est fournie par le ruisseau voisin et le pain leur est apporté de la vallée, sur un âne conduit par quelque invalide du travail. De temps à autre la *marchande de kirsch* renouvelle leur provision d'eau de prunes, seul réconfortant pour un si dur labeur. L'unique plaisir de ces hommes relégués loin de toutes relations consiste à fumer la pipe, et encore ils s'en privent souvent... le tabac est trop cher!

Dans cette existence, les distractions sont rares. Cependant à certains jours de la semaine, les femmes et les filles font l'ascension de la montagne pour couper les herbes, ramasser le bois mort, cueillir les fraises et les myrtilles. Alors on s'arrête un peu, on cause, et parfois le jeune schlitteur se sent le cœur réjoui par l'amour qui le conduit au mariage et le gratifie d'une nombreuse progéniture.

Il est pourtant un jour de repos, c'est le dimanche. Les schlitteurs descendent au cabaret de la vallée, ils boivent du vin ; ils en boivent beaucoup et même trop. Hélas ! il s'agit de chasser le lourd ennui de la semaine ; il faut s'étourdir sur le présent et sur l'avenir. L'ivresse procure quelques moments de gaieté ; elle donne non pas l'espérance, mais l'oubli !

On s'habitue à tout, et cette vie si rude serait à la rigueur supportable si le schlitteur n'était pas exposé chaque jour aux plus graves accidents. Quand, au détour d'un chemin, le traineau, trop lourdement chargé, ne peut pas être dirigé et maintenu sur les montants en bois, il déraille, il se renverse, et le conducteur n'échappe au plus grand péril que si, par un saut de côté, il sait se dégager des brancards et éviter d'être écrasé sous la chute des bûches empilées. Mais si, à cet endroit, le chemin longe un escarpement, s'il passe sur un viaduc, la schlitte entraine le conducteur dans le précipice.

L'accident le plus horrible se produit quand,

pendant la descente, il survient une averse, car alors le glissement du traineau s'accélère. Le schlitteur a beau se raidir de son soulier ferré contre les échelons et s'arc-bouter du dos contre la charge, le mouvement toujours plus rapide de l'énorme pile de bois le presse, le pousse, et si son genou fléchit, si le pied lui manque, le traineau lui passe sur le corps, lui laboure les chairs, lui casse les reins, lui arrache un membre... S'il n'est pas mort sur le coup, il n'en vaut guère mieux. Pas de secours possible, pas de médecin, pas de remède. Une affreuse agonie termine une existence misérable!

Ah! si les riches savaient ce qu'il en coûte aux pauvres de peine, de sueurs, de misère et de douleurs pour leur procurer les objets qui constituent leur luxe!... Mais ils le sauraient que ce serait la même chose. Il est encore des gens qui sont persuadés que le maintien du bon ordre dans le monde comporte deux classes d'hommes, les fainéants qui jouissent et les travailleurs qui souffrent. Ils disent qu'il doit en être ainsi en vertu des décrets de la Providence!

Le Flottage des Bois

dans la Forêt-Noire

La plus belle vallée de la Forêt-Noire est, sans contredit, celle de la Mourg, rivière qui prend sa source non loin du Kniebis, passe à Freudenstadt, Forbach, Gernsbach, Rothenfels, Rastadt, et se jette dans le Rhin à Steinmauern, vis-à-vis de Seltz, dans le département du Bas-Rhin.

A son origine et jusqu'à Forbach, la Mourg n'est qu'un torrent serré de près par les montagnes et roulant ses flots écumeux par-dessus les blocs de rochers qui essayent vainement de lui barrer le passage. A partir de Forbach, la vallée s'élargit et la Mourg prend des allures de rivière ; elle devient flottable et presque navigable.

La Forêt-Noire tient son nom des épaisses et sombres forêts qui couvrent les flancs des montagnes. Leurs sommets les plus élevés sont dénudés et pendant huit mois couverts de neige; mais, en été, ils présentent l'aspect le plus riant. Lorsqu'on a péniblement grimpé jusqu'à ces plateaux supérieurs, l'on est émerveillé de trouver de vertes prairies et des champs cultivés, au milieu desquels s'élèvent quelques maisons de bois en forme de chalets et où paissent librement des troupeaux de chèvres et de vaches portant des clochettes retentissantes. Les habitants de ces hauteurs ne descendent que bien rarement dans la vallée, et leur industrie consiste à fabriquer les horloges en bois et à sonnerie vulgairement appelées *coucous*.

Les parties inférieures et moyennes des montagnes sont couvertes de hêtres, de mélèzes, de pins, de merisiers, et surtout de sapins qui atteignent à des hauteurs énormes et dressent fièrement vers le ciel la gracieuse pyramide de leur noire verdure.

Dans la vallée, se mirant dans les eaux de la rivière, l'on aperçoit de jolis villages entourés de vergers et de prairies. Des ponts très grands et très solides franchissent la Mourg, qui, d'ordinaire, ne présente que quelques maigres filets d'eau. De distance en distance, l'industrie a profité de la pente pour établir des scieries qui découpent de toutes façons les sapins de la montagne.

L'aménagement et l'exploitation de ces immenses forêts constituent la richesse du pays. Depuis des siècles il existe à Gernsbach une société de marchands de bois-flotteurs (*Murgschifferschaft*) qui est propriétaire, sur la rive gauche de la Mourg, de toutes les forêts jusque vers la vallée de Kappel et le couvent d'Allerheiligen, et dont les possessions s'étendent, sur la rive droite, sur les montagnes du Wurtemberg, jusque vers Wildbad.

Cette société se divisait autrefois en trois classes : les flotteurs de forêt (*Waldschiffer*), les flotteurs de la Mourg (*Murgschiffer*), et les flotteurs du Rhin (*Rheinschiffer*), et était, en dernier lieu, régie par une charte de l'année 1626. Une dizaine de familles la constituent, et l'on se demande comment il a pu arriver que des particuliers soient devenus possesseurs par indivis de domaines aussi étendus et plus vastes que mainte principauté. Les parts des sociétaires ne sont pas égales. Ils contribuent aux frais et partagent les bénéfices au *prorata* de leurs droits. C'est la plus ancienne société commerciale par actions.

De temps immémorial, cette association jouit du privilège de flotter le bois de ses forêts sur la Mourg et ses affluents; d'établir des scieries sur la Mourg; d'acheter exclusivement les bois des communes et des couvents de la vallée ; de conduire ses flottes jusqu'en Hollande.

Aujourd'hui les trois classes de flotteurs sont réunies. L'administration et l'aménagement des forêts se font en commun ; la société a ses gardes forestiers, ses bûcherons, ses flotteurs. Cependant lors de chaque coupe, les troncs d'arbres et les bûches de bois sont partagés entre les sociétaires en proportion de leurs actions et marqués de la marque particulière de chacun. Alors l'intérêt général cesse, et chaque sociétaire s'occupe séparément du commerce des bois qui lui sont échus. La société possède un grand nombre de scieries tout le long du cours de la Mourg, et les sociétaires ont le droit d'y faire scier leurs bois moyennant une rétribution convenue.

Pour exploiter les immenses richesses que recèlent les forêts appartenant à la société des marchands de bois-flotteurs de la Mourg, la difficulté consistait à amener les troncs de sapins de la cime des montagnes jusqu'aux scieries établies sur la rivière. Dans les Vosges, l'ondulation des montagnes étant plus douces, on a eu recours au *schlittage*, mais ce moyen de transport était impraticable dans la Forêt-Noire, où les pentes sont plus raides et les précipices plus fréquents. Il fallut songer à se servir des torrents pour le flottage des bois. Malheureusement ces torrents sont presque toujours à sec, et, même pendant les plus fortes crues, leurs eaux n'auraient jamais eu la force d'entraîner au fond de la vallée des troncs de sapins tout entiers. La nécessité rend inventif. L'on imagina d'établir d'énormes barrages vers le sommet des différents affluents de la Mourg. — Ces barrages (*Schwellungen*) retiennent les eaux des torrents, et forment ainsi des bassins qui peuvent contenir jusqu'à 1,500,000 et même 3,000,000 de mètres cubes d'eau. Ils se remplissent lors de la fonte des neiges et après de fortes pluies, quelquefois en moins de vingt-quatre heures. Alors les écluses sont ouvertes, et la masse des eaux, se précipitant dans le lit du torrent, entraîne avec elle les troncs d'arbres et les bûches amoncelés sur ses rives.

Cette avalanche périodique des bois de la montagne s'appelle la *Schwellung*, et de tous côtés arrivent des curieux pour assister à ce spectacle grandiose qui est annoncé à jour fixe par les journaux.

Cette année, la *Schwellung* avait été fixée au mardi, 12 avril. De grand matin, nous quittâmes Forbach et nous remontâmes le cours de la Mourg, sur la rive gauche, pendant une lieue environ. L'air était frais et vif; le soleil levant resplendissait dans un ciel sans nuages et chamarrait de reflets éclatants les rochers et les montagnes ; la futaie retentissait du chant des oiseaux ; les vergers étaient tout poudrés de fleurs dont le parfum se mariait avec la vive senteur des pins pour embaumer l'atmosphère ; la Mourg coulait en minces filets d'eau, et la tunique d'argent de la naïade se fronçait légèrement au contact des rochers épars dans le lit de la rivière. Arrivés à l'endroit où la Raumünzach se jette dans la Mourg, nous tournâmes à droite, et nous nous arrêtâmes en face d'un pont en bois d'une seule arche, situé au confluent du Schwartzenbach et du Hundsbach qui, par leur réunion, forment la Raumünzach. Au haut de chacun de ces deux torrents, sur le Schwartzenbach, près de Herrenwiese, et sur le Hundsbach, près du hameau de ce nom, sont établis deux énormes barrages. Celui de Hundsbach est situé dans une contrée sauvage, au milieu d'une gorge étroite de la montagne, et est formé par des piliers en bois reliés entre eux par d'immenses troncs de sapin. Celui du Schwartzenbach est une superbe construction en pierres de taille, avec traverses en bois, qui mesure plus de 400 pieds de long sur 30 de haut.

De l'endroit où nous étions placés, et qui forme une espèce d'amphithéâtre, la vue est admirable.

A gauche, la montagne, couverte de sapins, s'élève par une pente rapide, et le lit du Hundsbach se profile dans toute sa sauvage horreur, encaissé entre les rochers, parsemé de blocs de pierre, encombré de bûches de bois et de troncs de sapin, par-dessus lesquels de minces cascatelles projettent leur blanche écume avec un léger murmure. En face et au flanc de la montagne, se présente le pont en bois qui franchit le torrent du Schwartzenbach. Son arche unique est solidement construite avec d'énormes troncs de chêne ; son tablier est formé de gros madriers ; des sapins entiers lui servent de garde-fous. Immédiatement au-dessous du pont, la montagne est taillée à pic, et les eaux du torrent tombent en cascade d'une hauteur de 10 mètres. A l'endroit même de la chute, les eaux du Hundsbach, se réunissant à celles du Schwartzenbach, forment un petit bassin d'où s'écoulent vers la Mourg les deux torrents confondus sous le nom de Raumünzach.

Les écluses des deux barrages devaient être ouvertes en même temps au coup de huit heures. Déjà l'heure avait sonné, et le silence le plus profond régnait encore, lorsque tout à coup un bruit sourd se fait entendre, pareil au grondement lointain du tonnerre. Le bruit augmente, retentit, éclate enfin comme des décharges d'artillerie que répercutent tous les échos de la vallée. Au fond du ravin du Hundsbach apparait un objet informe, un mur de bois qui s'avance avec fracas, poussé par le flot échappé du barrage. Les troncs de sapin et les bûches de bois se pressent, se heurtent, s'entre-choquent dans cet étroit passage et bondissent par-dessus les rochers. Au même moment, un bruit plus terrible encore retentit au-dessus du pont, dans le lit rocailleux du Schwartzenbach. Une avalanche de troncs d'arbres et de bûches de bois vient se heurter contre l'arche du pont, qui tremble sous ce choc épouvantable. Les sapins se dressent contre les parapets et retombent avec de sourds gémissements ; les vagues furieuses s'élancent en mugissant, l'écume jaillit dans les airs, puis tout cet amas confus s'engouffre sous l'arche du pont, et tombe en cataracte massive d'une hauteur de vingt pieds, au fond du bassin formé par la réunion des deux torrents. Là s'établit une lutte corps à corps entre les pièces de bois que charrient les deux courants contraires ; les eaux bouillonnent, sifflent et tournoient en tourbillons gigantesques ; des bandes d'écume déferlent sur les rives, les détonations se succèdent sur tous les tons et coup sur coup ; un nuage de poussière d'eau enveloppe le pont, et les rayons du soleil s'y réfractent avec toutes les couleurs de l'arc-en-ciel.

C'est vraiment là un spectacle grandiose et incomparable. Cette contrée sauvage, ces arbres tout entiers entraînés par les eaux, cette avalanche de pièces de bois qui tombent et se heurtent, ces flots en fureur et blancs d'écume, ces bruits pareils au retentissement du tonnerre, vous font croire à quelque scène du déluge, lorsque les montagnes se soulevaient et que les eaux de la mer faisaient irruption sur les continents.

Cependant, au bout d'une demi-heure, les eaux se calment peu à peu, le bruit s'apaise, le lit des torrents est balayé, et les pièces de bois des hautes cimes, entraînées au fond de la vallée, flottent sur la Mourg, qui est devenue une rivière large et impétueuse. Ses eaux soulèvent les troncs d'arbres amoncelés sur les rives, les entraînent pêle-mêle avec les bûches de bois, en passant à Hilpertsau, à Obertsroth, à Gernsbach, et toute cette masse de bois ne s'arrête qu'à une lieue en aval de Gernsbach, à Hoerden, où la société des marchands de bois-flotteurs a fait établir un batardeau colossal, qui s'appelle *les Anes*. C'est une énorme construction qui constitue un encaissement composé de piliers en pierre de taille et en chêne, reliés entre eux par de fortes traverses. De longues poutres, placées à deux ou trois pieds de distance, viennent s'appuyer sur ces traverses, et descendent en biais dans le lit de la rivière, en formant une espèce de râteau.

A Hoerden, les bois sont repêchés et conduits dans les scieries. Là, ils sont coupés en planches de toute longueur et de toute dimension, puis ces planches sont réunies en radeaux et descendent la Mourg jusqu'à Steinmauren, et le Rhin jusqu'à Spire, Mayence et Cologne.

La vallée de la Mourg ne fournit guère que des planches et du bois de chauffage : les troncs de sapin sont coupés à la longueur extrême de 15 à 20 pieds. Les grandes pièces de charpente, les poutres aux dimensions colossales, sont flottées sur la Kinzig, autre rivière du grand-duché de Bade, qui prend sa source sur le versant méridional du Kniebis, traverse la Forêt-Noire du nord au sud jusqu'à Schiltach, coule ensuite de l'est à l'ouest en passant par Wolfach, Hausach et Haslach, remonte vers le nord par Gengenbach et Offenbourg, et se jette dans le Rhin, près de Kehl, vis-à-vis de Strasbourg.

La Kinzig, étant plus large que la Mourg, permet de laisser aux troncs d'arbres toute leur longueur. Ses eaux amènent des poutres qui mesurent jusqu'à 80 et 100 pieds, et ce sont des pièces de cette dimension qui ont servi aux pilotis du pont de service établi pour la construction du pont du chemin de fer qui, à Kehl, relie l'Allemagne à la France. Ces poutres ont coûté de 150 à 200 francs rendues au pont.

Arrivés à Offenbourg, ces immenses troncs d'arbres sont réunis en flottes, et c'est en flottes qu'ils descendent la chute d'eau de Willstedt, qui a 15 pieds de haut. D'ordinaire l'on place dix à douzes troncs d'arbres côte à côte et on les relie entre eux par d'énormes liens d'osier sec et tordu. L'on en ajoute bout à bout jusqu'à quinze, ce qui compose un train total qui a parfois plus d'un kilomètre de longueur. Chaque train de bois est muni de trois sabots qui servent à ralentir ou à arrêter la marche. Ce sont des poutres disposées de façon à basculer et à racler à volonté le lit du fleuve. L'une est à l'avant, l'autre au milieu, la troisième à l'arrière du train, c'est la plus importante, car elle sert en même temps de gouvernail. Quatre hommes suffisent pour diriger la flotte.

Les flotteurs du Rhin sont une forte race d'hommes, durs à la fatigue et accoutumés aux privations. Ils exercent leur pénible métier jusque dans un âge très avancé. A force de marcher sur les poutres rondes, ils finissent presque tous par avoir les jambes arquées. Leur costume est extrêmement pittoresque. Ils portent un chapeau rond, un gilet rouge avec bordures vertes, sur lequel remontent les culottes soutenues par des bretelles en cuir noir piqué de fil blanc et rouge. Par dessus le gilet, ils mettent une veste en toile écrue; des guêtres blanches ou de grandes bottes leur montent jusqu'aux genoux.

Ils sont armés d'une gaffe et d'une hache à long manche, qui leur sert à écarter et à couper les pièces de bois qui viennent barrer le passage. Deux ou trois batelets sont placés sur le train, afin de pouvoir ramener les troncs qui viendraient à se détacher. Les flotteurs font la cuisine sur le radeau et descendent ainsi le Rhin quelquefois jusqu'en Hollande, où les sapins séculaires de la Forêt-Noire sont employés à la mâture des navires. L'on voit des flottes qui valent plus de 30,000 francs. La société des marchands de bois-flotteurs de Gernsbach vend annuellement plus de 3 millions de mètres cubes de bois. La Forêt-Noire est pour le duché de Bade une source inépuisable de richesses, car, malgré cette énorme consommation de bois, les montagnes sont toujours également fournies d'arbres de haute tige, et l'on n'y remarque pas la moindre clairière.

Étrange destinée des choses de ce monde ! La petite graine tombée sur la terre y germe et verdit ; l'arbre grandit d'année en année, donnant de l'ombre aux hommes et un abri aux oiseaux ; au bout d'un siècle, il a atteint tout son développement ; alors il est abattu, il est précipité au fond de la vallée par le torrent déchaîné ; il flotte lentement sur les fleuves, puis il sert à former un puissant navire ; il parcourt les immensités de l'Océan jusqu'à ce qu'enfin il vienne, au milieu de la tempête, se briser contre une côte lointaine, où quelque sauvage en ramassera les débris pour réparer sa misérable cabane.

La Fabrication des Coucous

En France l'on ne connait la Forêt-Noire que par les drames autrefois joués sur le boulevard. Cette honnête et industrieuse forêt y était représentée comme un repaire de brigands, comme le théâtre habituel d'atroces crimes, et il reste encore aujourd'hui, de toutes ces calomnies, un vieux proverbe et un vieux refrain. Le vieux proverbe dit en parlant d'un endroit suspect : *C'est une vraie Forêt-Noire ;* le vieux refrain chante :

> Amis, si vous voulez m'en croire,
> N'allez pas dans la Forêt-Noire.

En France, on n'est pas très fort en géographie. Ainsi, il est d'usage de compter l'Autriche parmi les puissances du Nord, et M. Méry, dans un feuilleton de la *Presse*, appelait les Tyroliens des

Auvergnats du Nord. La Forêt-Noire souffre des mêmes préjugés. L'on se figure que c'est une contrée aride, dénudée, couverte de rochers escarpés et entrecoupée de noirs précipices ; un pays de coupe-gorge. Sans doute que la qualification de *Forêt-Noire* est la cause de toutes ces absurdes suppositions. De fait, l'on a très littéralement traduit *Schwarz-Wald* par Forêt-Noire ; mais ce nom lui vient des épaisses et sombres forêts de sapins qui couronnent ses cimes et lui conservent une verdure perpétuelle. Rien de plus *vert* que la Forêt-Noire, rien de plus riant que les vallées de la Kinsig et de la Mourg ; rien de plus naïf et de plus honnête que le caractère des habitants de ces belles montagnes.

En apprenant qu'une exposition des produits de l'industrie de la Forêt-Noire allait s'ouvrir à Villingen, je résolus d'explorer cette contrée.

Je partis de Strasbourg par le chemin de fer, et arrivai à Offenbourg pour dîner. C'est une jolie petite ville qui, à défaut de généraux badois célèbres, a eu l'heureuse idée d'ériger en 1853, sur une de ses places, une statue en marbre à Francis Drake, l'importateur de la pomme de terre en Europe.

En partant d'Offenbourg, on laisse à gauche le

château d'Ortenberg, relevé de ses ruines, à grands frais, dans l'ancien style, par un seigneur russe, et l'on arrive bientôt à Gengenbach, où l'on passe sur la rive gauche de la Kinzig. La route court parallèlement à la rivière qui roule ses eaux par dessus les blocs des rochers dont son lit est parsemé. Des deux côtés, des hautes montagnes de sapins, des maisons disséminées le long de la rivière, des chalets sur les hauteurs. A chaque coude que fait la route, un nouveau paysage se présente ; les décors sont les mêmes, mais ils sont disposés autrement. L'on passe par les jolis villages de Haslach, de Hausach, de Hornberg, et l'on arrive à Triberg, petite ville composée d'une seule rue, à l'extrémité de laquelle l'on aperçoit une belle cascade qui, par dix chutes successives, tombe sur des rochers au milieu d'un épais bouquet de sapins.

La grande industrie de Triberg consiste dans la fabrication des chapeaux de paille. Hommes, femmes, enfants, sont assis sur le seuil de leurs chaumières et tressent de la paille. L'originalité du costume a été scrupuleusement conservée dans ces montagnes. Les paysans portent le chapeau à large bord, la grande redingote du xviie siècle, le gilet rouge, la culotte de velours, les souliers à boucles. Les femmes portent la robe courte attachée au-dessus des hanches. Deux longues tresses de cheveux, ornées de rubans, pendent derrière leur tête. Elles portent un chapeau rond, de forme haute, en paille jaune vernie. Quelques-unes sont coiffées du chapeau de feutre noir, bas de forme et orné de grosses houppes de laine.

A partir de Triberg, le pays devient plus sauvage, les montagnes se resserrent, la route monte toujours. Après avoir franchi un petit col, on descend à Furtwangen, ville de 2,000 habitants, célèbre comme étant le centre de la fabrication des horloges en bois et des orgues. Le gouvernement grand-ducal y a établi une école d'horlogerie, afin que les ouvriers de la Forêt-Noire pussent venir s'y familiariser avec les progrès de la science. Enfin, l'on traverse Voehrenbach et l'on entre dans Villingen, siège de l'exposition et but du voyage.

Villingen est une ville très ancienne qui autrefois était fortifiée. Ses rues sont garnies de vieilles maisons en bois curieusement découpé, mal pavées et mal éclairées.

L'exposition était fort intéressante. Les habitants de la Forêt-Noire avaient saisi avec empressement cette occasion de montrer les produits de leur travail opiniâtre et de leur génie technique. L'on a peine à comprendre que dans ces montagnes qui manquent de communications, où en hiver les chemins sont couverts de neiges épaisses, au milieu de ces forêts, sur ces plateaux élevés, dans ces pauvres chaumières, il soit possible de créer tant de produits utiles. Mais je ne veux parler que des horloges en bois et à poids, vulgairement appelées *coucous*.

Les horloges avec rouages et poids n'ont pas été inventées dans la Forêt-Noire. L'invention en est due aux Sarrasins, et c'est le sultan Saladin qui fit cadeau d'une pareille horloge à l'empereur Frédéric II. Ces horloges se multiplièrent au XIVe siècle, et l'on en trouvait, à cette époque, dans les cathédrales de Bologne, de Strasbourg, de Courtray, de Spire. Ce n'est qu'au XVIIe siècle que cette industrie fut importée dans la Forêt-Noire, mais elle y prit d'immenses développements : chaque chaumière devint un atelier, chaque paysan un intelligent ouvrier. De nos jours 200,000 horloges en bois sont expédiées tous les ans en Europe et en Amérique, et ce commerce rapporte plus d'un million.

Lorsque, parti du fond d'une des vallées de la Forêt-Noire, l'on a grimpé pendant une heure le flanc escarpé de la montagne couverte de sapins, l'on arrive tout à coup sur un vaste plateau couvert de prairies et de champs cultivés ; des troupeaux de chèvres et de vaches portant des clochettes y paissent librement ; un enfant vient à vous et vous conduit dans une maison en bois aux larges balcons et couverte de chaume. Vous entrez, et vous trouvez un atelier d'horlogerie. Les hommes sont occupés à scier le bois, à découper les cages des horloges, à limer les roues, à enrouler de cordes les cylindres, à attacher les poids, à peindre des chiffres et des arabesques sur les cadrans, à disposer les tuyaux et les rouages des horloges à musique. Les femmes aussi manient la lime et le ciseau. Ces braves gens ne descendent presque jamais de leurs montagnes, ils ne connaissent pas les plaisirs des villes, et leur seule récréation consiste à danser le dimanche aux sons de la musique de l'horloge. La *danse du coq* constitue l'une des originalités de la Forêt-Noire. Un verre plein d'eau est suspendu au plafond, à une certaine hauteur. Après quelques tours de valse, le danseur et la danseuse vont se placer sous le verre d'eau. La jeune fille s'accroupit, ouvre ses mains, le jeune homme pose dessus ses deux pieds et se tient droit et immobile. Alors la robuste fille de la Forêt-Noire le soulève et essaye de l'enlever assez haut pour que, avec la tête, il touche le verre et que l'eau soit répandue. Un coq est le prix de la victoire.

Le commerce des horloges se fait en grand et en détail. Les petits industriels vendent eux-mêmes leurs marchandises. Quand ils ont un certain approvisionnement d'horloges, ils les chargent sur le dos et parcourent les villages en les faisant sonner et chanter coucou!!

L'exposition de Villingen présentait des horloges en bois de toutes espèces, en bahuts, en cages sous forme de temples ou de chalets, à sonneries, à coucous, à musique plus ou moins résonnante. L'école gouvernementale de Furtwangen a exposé une collection de douze pièces qui donnent l'état chronologique du perfectionnement de cette industrie depuis son origine.

Avant de finir, je dois parler de la merveille de l'exposition : des instruments à musique appelés *orchestrions*. Il y en a de toutes grandeurs; le plus grand a 6 mètres de hauteur sur 3 mètres de largeur et 1 mètre et demi de profondeur. Il pèse quarante quintaux. C'est le travail de plusieurs années d'un maître et de nombreux ouvriers. Le prix en est de 25,000 florins, et le florin vaut un peu plus de deux francs. A travers le vitrage de la façade l'on peut voir des centaines de rouages, de cylindres, de manivelles, de chevilles, de leviers et de roues. A l'intérieur se trouve un énorme tambour, puis des triangles et des instruments en bois et en fer-blanc, depuis le sifflet long d'un pouce jusqu'à la trompette longue de six pieds. Sur l'invitation du fabricant, je pressai un bouton de cuivre ingénieusement dissimulé parmi les ornementations : le monstre s'anime, l'on entend s'agiter des centaines de doigts métalliques, et aussitôt éclatent des sons admirables. D'abord ce n'était qu'un gémissement pareil au murmure plaintif des harpes d'Éole, puis le bruit lointain de l'orage, et enfin le retentissement effrayant du tonnerre. Cet instrument inerte, subitement animé, exécutait l'ouverture de *Guillaume Tell,* de Rossini, avec la force, l'entrain et la chaleur d'un orchestre de vingt à trente musiciens.

Enchanté de tout ce que j'avais vu et admiré, je partis de Villingen et revins à Fribourg en passant par le val d'Enfer, cette gorge de montagnes si pittoresque rendue célèbre par la retraite de Moreau en 1796.

Le Houblon et la Bière

En descendant le versant oriental des Vosges, et en apercevant la vallée si belle et si fertile que baignent les eaux du Rhin, Louis XIV, dit-on, s'écria : « C'est le jardin de la France! » — Celui que l'on a appelé le grand roi n'avait pas tort : l'Alsace et le duché de Bade sont un vrai jardin. Unis par le climat, par la nature du sol, par les mœurs et même par le langage des habitants, ils appartiennent aujourd'hui à l'Allemagne, mais l'Alsace a été française pendant deux siècles, et quand un pays s'est imprégné des principes de 1789, il n'admettra jamais que la force prime le droit !

La vallée du Rhin, limitée par les Vosges et par la Forêt-Noire, présente, en été, le plus riant aspect, à raison de la variété des cultures. Le blé, le chanvre, les choux, les navets, les betteraves, la garance, le colza, la vigne, le tabac et les pommes de terre, mélangent leurs feuilles aux mille nuances et diaprent admirablement cette fertile contrée qui ravit les yeux comme la plus harmonieuse mosaïque.

Parmi ces richesses agricoles, le houblon présente un intérêt particulier.

L'histoire du houblon est inséparable de celle de la bière, car c'est à la propriété qu'il possède de donner à la bière une saveur amère et de l'empêcher de s'aigrir, que le houblon doit l'importance qu'il a obtenue.

L'Allemagne est la patrie de la bière. Tacite, dans sa description de la Germanie, parle d'un breuvage fabriqué au moyen de l'orge germée, dans lequel nous devons voir l'origine de la bière. La tradition attribue l'invention de la bière à un roi de Brabant, nommé *Gambrinus*, et aujourd'hui encore les brasseurs sont fiers de compter un roi parmi les ancêtres de leur industrie. Les capitulaires de Charlemagne recommandent de préparer le malt avec propreté, et il y est fait mention des fabricants de malt (*braceatores*), en opposition avec les fabricants de cidre et de poiré (*siceratores*). Pour désigner le breuvage de malt, l'on employait les mots *cerevisia* (bière épaisse et forte) *biera* et *cannum* (bières plus faibles). L'on appelait aussi *oel* (huile) la liqueur obtenue par l'orge germée, nom qui s'est maintenu dans l'*ale* anglais.

Mais ces breuvages ne peuvent s'appeler bière que si le houblon entre dans leur fabrication.

Au xiv⁵ siècle, la plantation du houblon était généralement pratiquée en Allemagne. On l'employa bientôt dans les Pays-Bas, et, au xv⁵ siècle, on en fit usage en Angleterre.

La culture du houblon se répandit notamment en Bohême, d'où nous viennent encore aujourd'hui les crus si renommés de *Saaz* et d'*Auscha*. Outre la Bohême, les contrées qui produisent le meilleur houblon sont : la Franconie, en Bavière, où brille au premier rang la petite ville de *Spalt*; la Saxe; *Schwetzingen* et *Heidelberg*, dans le duché de Bade; *Rottenburg*, dans le Wurtemberg.

En Alsace, la culture du houblon ne date que de soixante années. Elle a pris depuis de très grands développements, et les crûs de *Bischwiller* et d'*Oberhoffen* ont beaucoup de réputation.

Le houblon (*humulus lupulus*), de la famille des *urticées*, est une plante grimpante dont les fleurs sont dioïques, c'est-à-dire les mâles et les femelles séparées sur deux plants différents. Les sarments sont creux; ils contiennent une sève sucrée et sont garnis de petits crochets au moyen desquels ils s'attachent aux objets qu'ils enlacent en grimpant de gauche à droite.

Les fleurs produisent un fruit sous forme de *cône*, de forme oblongue, long de 3 centimètres, d'un vert clair, qui, devenu mûr, se colore en jaune clair ou foncé. Ces cônes sont formés par des écailles dont chacune porte à sa base intérieure une petite gaine qui se garnit, à l'époque de la maturité, d'une farine jaune contenant une huile aromatique d'une odeur agréable. Cette farine jaune, appelée *lupuline*, fournit la matière nécessaire pour la fabrication d'une bière savoureuse et de conserve.

Le bon houblon se reconnait par ses cônes épais, foncés; il contient beaucoup de lupuline; il est résineux au toucher, son odeur est forte, mais agréable.

Le climat qui convient le mieux au houblon est un climat chaud, plutôt humide que sec, et qui n'est pas sujet à des changements brusques de température.

Le houblon veut de l'air et du soleil. Il convient de le planter sur le versant oriental des collines, à l'abri des vents du Nord, car les ouragans pourraient causer de grands ravages dans les houblonnières en renversant les perches et en déchirant les sarments.

Le terrain le plus propre à la culture du houblon est celui où dominent le sable et l'argile. Un sol glaiseux doit être assaini par un défonçage profond, par du sable et par des pierres légères. Les terrains trop humides doivent être desséchés au moyen de saignées. Il faut que le sol soit profondément labouré.

Le houblon étant une plante grimpante, il importe de lui donner un soutien. On se sert à cet effet de perches de sapin longues de 8 à 10 mètres. On y attache les jeunes pousses avec de la paille humide.

A l'exemple des pays vignobles, les pays à houblon font une fête de la cueillette. C'est en chantant qu'au mois de septembre, on se rend dans les houblonnières. Des villages environnants arrivent en foule, femmes, enfants, vieillards. Chacun apporte son panier, petit ou grand. D'ordinaire on se réunit autour d'un hangar, où sont préparées les claies, les toiles et les sacs. C'est là que se fait la paie, à laquelle procède le propriétaire de la plantation.

Tout d'abord on tire les perches du sol et on les couche sur des chevalets. On coupe les sarments de distance en distance. On les réunit en bottes et on les porte près du hangar où se fait la cueillette. Femmes et enfants arrachent les cônes et les déposent dans les paniers. C'est un travail facile qui amuse les enfants. Quand un panier est rempli, on le porte à la caisse où, selon la dimension, il est payé 10 ou 20 centimes. Les paniers sont vidés dans de grands sacs, ou sur des toiles et des claies. Quand vient le soir, les sacs sont chargés sur une longue voiture à ridelles qui prend le chemin du séchoir. Les ouvriers grands et petits retournent au logis en chantant. La cueillette est la vendange des pays déshérités de la vigne.

Quand la cueillette est faite, les perches sont réunies en pyramides sur la houblonnière même. Les bouts de sarments de chaque pied de houblon sont roulés en pelotte et on les cache dans le trou formé par l'extraction de la perche.

Ce n'est pas tout que d'avoir récolté le houblon, il faut le sécher. Le mode de dessiccation le plus usité consiste à sécher les houblons dans les greniers, sur des châssis en vannerie, ayant la forme d'un tamis, et que l'on superpose comme les rayons d'une bibliothèque. D'ordinaire, les séchoirs sont pourvus de calorifères et de ventilateurs. Les cônes étendus sur les châssis doivent être remués deux fois par jour, avec la main, en ayant soin de ne pas faire tomber la lupuline. Quand les cônes sont secs, on vide les châssis sur le plancher, et tous les jours on entasse davantage, mais il convient de remuer le tas pour empêcher la fermentation et la moisissure. Au bout de 10 à 12 jours, la fermentation n'est plus à craindre et on peut laisser le houblon entassé à une épaisseur de 60 à 80 centimètres.

L'Alsace récolte en moyenne 65 à 70,000 quintaux (de 50 kilogr.) de houblon par an, qui sont cultivés sur une superficie d'environ 5,000 hectares. Suivant que l'année est bonne ou mauvaise, l'hectare donne 7 à 18 quintaux, et le quintal est payé depuis 100 jusqu'à 700 fr. En moyenne, le prix est de 350 fr. par quintal.

La bière se fait avec de l'orge germée (*malt*), du houblon et de l'eau. La germination s'effectue dans des caves, où l'orge, préalablement nettoyée, est baignée dans l'eau froide. Les grains avariés surnagent et sont enlevés. L'orge ainsi trempée se gonfle et se ramollit. Elle est ensuite répandue sur le sol des germoirs, et bientôt l'on voit apparaître à l'une des extrémités du grain un point blanc qui s'effile en radicelles. Au bout de sept jours, la germination est faite et dans le grain s'est constituée la substance que Payen a nommé *la diastase* et qui a pour effet de transformer en sucre l'amidon de l'orge, sous l'action de la chaleur.

Le malt est séché dans les tourailles à une température de 60 à 80 degrés. Ces tourailles ont une apparence singulière : elles s'élèvent, au milieu des bâtiments d'une brasserie, sous forme de toitures pointues coiffées d'une sorte de bonnet phrygien que le vent fait tourner à l'aide d'une girouette.

La dessiccation a pour conséquence de débarrasser le malt des radicelles ou germes. C'est un appareil appelé *dégermeur* qui exécute cette opération.

Pour un hectolitre de bonne bière, on emploie d'ordinaire 30 kilogrammes de malt et 450 grammes de houblon.

L'ancien mode de fabrication était fort simple : le malt broyé était mis dans une cuve où il était mélangé d'eau à 70 degrés ; deux hommes armés de bâtons *brassaient* le mélange ; quand la masse était reposée, on soutirait le liquide clair et on l'envoyait dans une chaudière où il était maintenu à l'état d'ébullition pendant quatre à cinq heures, après y avoir ajouté une certaine quantité de houblon ; le liquide refroidi, on y mêlait du levain (levure de bière) ; la fermentation se produisait, et au bout de quelques jours, on soutirait à nouveau et la bière était placée dans des foudres pour être livrée à la consommation.

Tout cela a été changé. La méthode employée au temps jadis n'a plus de partisans. Les moyens mécaniques ont fait abandonner les vieux procédés.

Le malt est concassé entre deux cylindres en fonte (*concasseurs*); il est placé, avec addition d'eau froide, dans une cuve au centre de laquelle est disposé un *agitateur à palettes* mû par une machine à vapeur; la *salade* faite, on laisse entrer dans la *cuve-matière* un courant d'eau chaude, et quand la température a atteint 40 degrés, une pompe aspire le quart du liquide et l'envoie dans une chaudière où il est porté à l'état d'ébullition; de là, le liquide est renvoyé dans la cuve-matière; cela s'appelle une *maisch*; on en fait une série; puis le mélange est transvasé dans la *cuve de repos*, où il est filtré et se rend dans une autre chaudière; nouvelle ébullition pendant laquelle se fait l'adjonction du houblon; le *moût* passe ensuite dans des réservoirs peu profonds, mais très grands; ce sont les *bacs*; il s'étend sur des appareils réfrigérants, et comme dernière opération il est distribué dans les *cuves à fermentation*, ensemencées de *levure de bière* (350 grammes par hectolitre); la température s'élève et le liquide se couvre de mousse, mais un serpentin de cuivre plongé dans la cuve y fait passer un courant d'eau froide; la fermentation dure ainsi dix jours environ; au bout de ce temps, la bière est soutirée et envoyée dans d'immenses foudres rangés dans les *caves de conserve*, qui sont maintenues à une température de 2 degrés. Ce nouveau mode de fabrication est connu sous le nom de *procédé par fermentation basse*.

Le mode actuel de fabrication et de conservation de la bière nécessite, comme on le voit, une grande quantité de froid que l'on peut employer sous les trois états de froid gazeux, froid liquide et froid solide.

Le climat de l'Alsace permet d'emmagasiner le froid solide, c'est-à-dire la glace. On en emploie environ 100 kilogr. par hectolitre fabriqué. Une brasserie fabricant 100,000 hectolitres par an, doit donc emmagasiner 10 millions de kilogrammes de glace. Autrefois les glacières étaient souterraines; depuis plusieurs années on les établit au-dessus du sol. La glace s'y conserve beaucoup mieux.

L'approvisionnement de ces glacières donne lieu à un mouvement considérable, dès que la température, suffisamment basse, permet de recueillir la glace. On voit alors les routes autour de Strasbourg sillonnées de voitures allant aux glacières. On évalue à 800,000 fr. la somme déboursée annuellement par la brasserie strasbourgeoise pour les approvisionnements de glace. Quand, par malheur, l'hiver n'est pas assez rude, la brasserie est obligée de faire venir la glace de Suisse ou de Norvège.

Quelques usines ont monté des machines à fabriquer le froid.

L'exportation de la bière se fait à partir du mois de mai. Les fûts voyagent dans des wagons-glacières qui contiennent environ 50 hectolitres.

En 1880, la quantité de bière produite en Alsace a été d'environ 700,000 hectolitres, sur lesquels plus de 200,000 hectolitres ont été exportés.

Le prix de la bière en Alsace est de 23 fr. l'hectolitre. La bière de mars se vend 32 fr. Rendue à Paris, elle revient à 58 fr. l'hectolitre ([1]).

Ces détails sont évidemment trop longs, mais la culture du houblon et la fabrication de la bière sont la grande industrie de l'Alsace. C'est de là surtout que vient la richesse du pays.

Alors que le vin diminue en quantité et augmente de prix, il est naturel que la consommation de la bière se développe tous les jours davantage. Sans doute, un verre de bon vin fortifie le corps et égaie l'esprit. Mais un verre de bonne bière a

---

1. Rapprochement curieux : en 1869, l'entrée des bières d'Alsace à Paris était de 316,000 hectolitres; en 1880, elle est tombée à 148,000 hectolitres. Par contre, en 1869, l'entrée à Paris des bières d'Allemagne a été de 45,000 hectolitres, et en 1880, elle a monté à 172,000 hectolitres!! — ??

bien son mérite. Quelle délicieuse boisson quand on a bien soif; que sa mousse est appétissante et sa fraicheur agréable ! Et si vous êtes fumeur, est-il possible d'imaginer un breuvage mieux fait pour calmer l'irritation causée par le tabac?

Chose curieuse, c'est en Allemagne, le long du Rhin, que l'on fume en buvant du petit vin blanc. C'est dans le pays de la bonne bière que l'on voit cette énormité. Il est vrai que les cigares que l'on y fume sont parfumés !...

Arrière ces mœurs baroques et barbares. — A table, buvons du bon vin, mais, après le café, buvons de la bière et fumons des cigares non parfumés.

Le Tabac et la Pipe

Au mois d'août la plupart des champs de la France sont desséchés par le soleil et dénudés de végétation. En Alsace, la verdure persiste grâce aux nombreux arpents plantés de tabac. Oh! les grandes et belles feuilles et comme les pieds sont bien alignés et espacés régulièrement! L'on dirait un bataillon aux longues files et sur quinze à vingt rangs de profondeur. Évidemment ce n'est pas la nature qui a procédé à cet arrangement symétrique; c'est l'homme qui a disposé les plants de tabac dans un ordre si parfait. Rien n'est laissé au hasard et chaque planteur peut dire le nombre de pieds et de feuilles que contient son champ.

C'est la régie des contributions qui le voulait ainsi dans l'intérêt du contrôle exercé sur les plantations de tabac. Car à l'époque où l'Alsace était française, cette culture était monopolisée. Pour planter du tabac il fallait une autorisation. Toutes choses étaient réglementées : plantage aux distances prescrites, buttage, binage, écimage des pieds à une certaine hauteur, enlèvement des feuilles parasites, comptage des pieds et des feuilles, cueillette fin août des feuilles de terre, cueillette des grandes feuilles à la mi-septembre. Tout cela sous la surveillance des employés de la régie qui ne ménageaient pas toujours les tracasseries aux planteurs.

La récolte se faisait gaiment. Les feuilles transportées dans la grange étaient enfilées par vingt-cinq. On y employait de longues veillées où les commérages allaient grand train, et où les bonnes femmes racontaient les antiques légendes. Puis les chapelets de tabac étaient suspendus dans les jardins et contre les murs des hangars et des maisons. Là ils séchaient à l'air et au soleil. La dessiccation était complétée dans les greniers et les séchoirs. Enfin, on classait les feuilles, selon leur grandeur, par bottelets de 25 feuilles et par bottes de 25 bottelets, et on les livrait à la régie qui payait selon le tarif des diverses classes de feuilles.

Malgré les ennuis de la réglementation, c'était là une culture qui donnait environ 2,000 fr. par hectare et qui rapportait au département du Bas-Rhin de 12 à 15 millions par an.

Depuis la guerre, tout cela a changé. En Allemagne, la culture du tabac est libre. Aussi les cigares y sont-ils exécrables! — Au début, les cultivateurs d'Alsace réalisèrent des bénéfices considérables, car pendant l'invasion, les soldats recevaient de fortes rations de tabac et fumaient dix fois plus qu'en temps ordinaire. Les provisions étaient épuisées et les prix augmentaient. Mais bientôt les marchands allemands critiquèrent et refusèrent le tabac livré, sauf à le faire racheter à bas prix par un compère. Puis on imagina de frapper la culture d'un impôt de 85 centimes par are. Il fallait de l'argent pour fondre des canons... Et ce n'est pas tout : en 1880, les 100 kilogr. de tabac furent imposés de 50 fr.; en 1881, l'impôt est de 75 fr.; les années suivantes il sera de 100 fr. Voilà les profits de l'annexion. Aussi le planteur alsacien en est-il arrivé à regretter le monopole d'autrefois et les tracasseries des employés de la régie.

Et pourtant comment se passer de fumer? — Dans un pays où la bière constitue la boisson ordinaire, il n'est pas possible de renoncer au tabac. Aussi les Alsaciens continuent à fumer. Ceux qui en ont les moyens achètent des cigares et du tabac français. Les autres bourrent leur pipe avec du mauvais tabac allemand et fument en faisant la grimace. De l'une ou de l'autre façon, ils témoignent de leur sympathie pour la France et de leur aversion pour la Prusse.

Les débits de bière sont nombreux en Alsace. Dans les grandes villes on a construit de vastes salles, brillamment éclairées au gaz, avec des tables en marbre et des banquettes rembourrées. On y boit et on y fume toujours beaucoup, mais combien les choses ont changé depuis cinquante ans !

Autrefois les tavernes de Strasbourg avaient un tout autre aspect. C'étaient alors des salles basses et noires de fumée. On y voyait de grandes tables en bois de chêne entourées de bancs au dossier bas et raide. De vilains quinquets pendaient au plafond, et même parfois encore de grands chandeliers en bois portaient la chandelle que les buveurs mouchaient avec les doigts et dont la lumière douteuse perçait l'atmosphère épaisse d'une lueur rouge et tremblotante. Du reste, aucun ornement dans la salle, sauf un vieux coucou de la Forêt-Noire épelant les heures de ses tintements criards.

C'est là que nos anciens venaient boire et fumer. Que leur importaient l'air épais, l'éclairage insuffisant et les sièges durs, pourvu que la bière fût bonne et que leur pipe tirât bien. Ils y restaient des heures entières, vidant une douzaine de chopes. Un ou deux parlaient, les autres faisaient semblant d'écouter, mais ils buvaient gravement et regardaient la fumée s'échappant de leurs lèvres et tournoyant en spirales fantastiques.

Il paraît que ce flegme de buveur-fumeur ne manque pas de charme. La gorge est desséchée par l'âcre fumée du tabac, puis la bière fraîche vient calmer la bouche irritée. Ces sensations contraires sont agréables et stimulent la soif. La bière et la pipe se complètent. Pour boire beaucoup, il faut fumer, et on ne peut fumer longtemps sans boire.

Et puis, si le tabac n'a pas toutes les qualités du hachisch, s'il n'évoque pas des images érotiques, le fumeur de tabac n'en éprouve pas moins une sorte d'extase faite d'insouciance. Il se complaît dans une douce nonchalance, il oublie ses chagrins, il rêve sans dormir, et se laisse bercer par les nuages que dégage sa pipe bien culottée.

La pipe a subi beaucoup de modifications, mais il faut croire qu'elle procure bien de l'agrément. Qu'elle soit longue ou courte, en terre ou en porcelaine, simple ou ornementée, elle remplit sa fonction de consolatrice, elle aide à passer le temps, elle se prête merveilleusement aux rêveries de la fainéantise. Pour être juste, il faut dire qu'elle n'est pas contraire aux contentions de l'esprit. Comme le café et le bon vin, elle surexcite l'intelligence, et quand les cellules du cerveau sont mises en branle par les effluves du tabac, l'homme pense mieux et conçoit des idées qui ne lui viendraient pas sans ce stimulant particulier. Donc ayons en cave du vieux vin et fumons du bon tabac, c'est le plus sûr moyen d'avoir de l'esprit. Ainsi soit-il !

Les Oies
et les Pâtés de foie gras

Bête comme une oie ! est un proverbe qui ne fait pas honneur à la sagesse des nations. Les oies sont, comme tous les animaux, douées de l'intelligence nécessaire à leur condition, en vertu du grand principe qui veut que les aptitudes soient proportionnelles aux destinées. Remplir honnêtement la mission pour laquelle on a été créé et mis au monde, constitue un mérite auquel bien des hommes intelligents ne peuvent pas prétendre. L'oie jabote et barbote, elle s'en va paître aux champs et sait distinguer les bonnes herbes parmi les mauvaises, elle aime ses enfants et au besoin elle les défend des coups de son bec et du battement de ses ailes, sans compter qu'en mourant elle nous laisse son corps pour faire un rôti, sa graisse pour remplacer le beurre, son duvet pour garnir nos oreillers, et ses plumes pour écrire des choses plus ou moins spirituelles. Et ce n'est pas tout : dans l'antiquité les oies ont sauvé le Capitole, et de nos jours elles contribuent à la fabrication des délicieux pâtés de foie gras connus et appréciés dans toutes les parties du monde civilisé.

Quand les Romains ont mis des oies au Capitole, ce n'était pas, j'imagine, pour le défendre contre les Gaulois. Les guerriers se sont endormis et les oies ont jeté le cri d'alarme. J'en conclus qu'elles avaient plus de vigilance et de patriotisme que leurs maitres, et quand je vois aujourd'hui tant de commissaires de surveillance de sociétés anonymes laisser commettre toutes sortes de malversations, je me demande si les actionnaires ne feraient pas mieux de faire garder par des oies les titres et la caisse de la compagnie.

Quant aux pâtés, je sais fort bien qu'ils n'ont pas été inventés par les oies, mais ces pauvres bêtes nous fournissent le meilleur de leur corps pour satisfaire notre gourmandise, et nous devrions, ne fût-ce que par reconnaissance, leur épargner les injures et la calomnie.

L'oie sauvage est aujourd'hui fort rare en Alsace ; on ne l'aperçoit qu'à l'époque des migrations fuyant les régions polaires pour se diriger le long du Rhin vers des climats plus doux. Je ne parlerai ici que de l'oie domestique, qui mérite une mention spéciale au point de vue gastronomique.

L'oie a dû s'acclimater facilement dans la vallée du Rhin. Séduite par les vastes pâturages et les nombreux cours d'eau, elle a renoncé aux migrations annuelles; voyageuse, elle est devenue sédentaire; sauvage, elle s'est faite domestique. Aujourd'hui, dans les villages de la plaine entre l'Ill et le Rhin, il est peu de maisons où l'on n'entretient pas quelques oies, mais c'est aux environs de Strasbourg, dans un rayon de 12 à 15 kilomètres, que se fait l'élève des oies au point de vue de l'industrie des pâtés. Strasbourg et les villages environnants fournissent la plus grande quantité de foies et les plus beaux.

Dès les premiers jours d'octobre, des légions de paysannes envahissent les marchés de Strasbourg. Vêtues de la jupe rouge ou verte, la tête ornée de nœuds de rubans, elles apportent dans de grands paniers des cargaisons de jeunes oies. Les cours s'établissent entre 5 et 6 fr. la pièce. C'est d'ordinaire quelque vieille femme qui achète et qui s'en va porter la pauvre bête au fond de son taudis. Là, elle commence par lui administrer une dose de carottes suffisante pour la purger, puis elle l'enferme dans une cage placée au fond d'une cave ou de quelque couloir sombre et humide.

C'est là, dans ces réduits ténébreux, que se commettent pendant six mois des crimes sans nombre, et quels crimes !... l'assassinat par l'indigestion.

La malheureuse oie est étroitement enfermée dans une cage à claire-voie, munie d'un simple godet rempli d'eau. Ses cris lamentables sont répétés par cinquante ou cent compagnes de son infortune, condamnées comme elle à l'immobilité et à l'obscurité. Par compensation, la nourriture leur est distribuée en abondance. Trois fois par jour, la maitresse du logis vient retirer les oies de leur cage, l'une après l'autre. Elle les prend entre ses jupes de manière à ne laisser passer que le cou, et en serrant le cou, elle oblige l'oie à ouvrir le bec. Elle y introduit une certaine quantité de maïs savamment graduée qu'elle fait descendre dans l'estomac de l'oie par une compression exercée de haut en bas sur le cou de la bête. C'est ce qu'on appelle le gavage. Sans doute, la nourriture est bonne, mais il y en a trop et c'est toujours la même, et puis le repos forcé quand on était habitué à se promener dans les vertes prairies, et les ténèbres perpétuelles quand on aime le grand air et le plein soleil. Il y a là de quoi se faire de la bile : aussi au bout de trois semaines de ce régime, l'oie a absorbé de force deux décalitres de maïs et elle est malade d'une hypertrophie graisseuse du foie!

On le serait à moins. Imaginez-vous un malheureux gourmand enfermé dans un cabinet noir, chez Bignon ou Véfour, et bourré matin et soir de vol-au-vent à la financière!

La gaveuse reconnaît parfaitement le moment précis où il est temps, sous peine de mort naturelle, de mettre fin à ce supplice gastronomique. L'oie est saignée, le foie est extrait avec des soins minutieux et vendu au pâtissier à raison de 8 ou de 10 fr. selon sa grosseur et sa blancheur. Le corps est plumé et, au marché à la volaille, il est payé de 80 à 90 cent. la livre, soit encore environ 8 fr. la pièce. C'est donc un métier très lucratif et bien des gens, à Strasbourg, y trouvent une petite aisance.

Je regrette d'avoir à le dire: le gavage des oies n'a pas été inventé en Alsace. Les Égyptiens le pratiquaient dans la plus haute antiquité. A la grande Exposition de 1878, l'on a pu voir la copie d'une ancienne peinture murale qui représentait la série des opérations du gavage des oies en Égypte. — Les Pharaons ont-ils connu le pâté de foie gras? La question est douteuse, mais il faut bien reconnaître que sous le soleil il n'y a rien de nouveau!

L'on a fait courir sur les gaveuses des bruits horribles. L'on a prétendu que pendant le gavage les oies étaient clouées dans leur cage et qu'on leur crevait les yeux. Pourquoi les crucifier, puisque la cage est si étroite qu'elle ne leur permet aucun mouvement? pourquoi les aveugler, puisque dans la cave il fait nuit noire? — Ce qui est certain, c'est que le développement graisseux du foie est favorisé non seulement par l'absorption exagérée de nourriture, mais par l'obscurité et l'immobilité. C'est peut-être ce qui explique que les médecins, après l'essai de tous les remèdes, envoient leurs clients malades du foie se promener et se distraire.

Le premier essai des pâtés de foie gras est dû au cuisinier du maréchal de Contades, gouverneur d'Alsace. Ce cuisinier, qui s'appelait Clauss, comprit que le foie de l'oie ferait merveille dans la pâtisserie. Ses pâtés eurent un grand succès, et quand en 1790 le maréchal quitta Strasbourg, Clauss épousa la veuve d'un pâtissier et s'établit fabricant de pâtés. Mais peu de temps après il trouva un concurrent dans le pâtissier Doyen, qui eut l'idée heureuse d'ajouter au pâté de foie gras les truffes du Périgord. Ce fut un trait de génie, et depuis on n'a pas fait mieux.

L'industrie de la fabrication des pâtés de foie

gras a pris une extension énorme et a fait la fortune de plusieurs familles de pâtissiers. Strasbourg expédie tous les ans plus de cent mille pâtés et terrines. La fabrication commence en octobre et finit au premier avril. L'on prétend que les foies les plus délicats sont ceux des oies qui n'ont pas encore pondu. Pourquoi la qualité de vierge et martyre a-t-elle ce résultat? C'est un mystère! Au mois d'avril les foies deviennent huileux; est-ce l'effet de la saison des amours? autre mystère! N'approfondissons pas les mystères et mangeons des pâtés de foie gras de chez le bon faiseur, car la contrefaçon est grande et ses produits sont mauvais.

LÉGENDES

Les Cigognes de Strasbourg

Il y a une vingtaine d'années, je demeurais à Strasbourg dans le voisinage de la vieille église protestante appelée le Temple-Neuf. C'était une construction toute en briques, assez laide, très grande et surmontée d'une énorme toiture. L'église n'avait pas de clocher, et le chœur, retranché de la nef, avait été affecté à la bibliothèque municipale. Tout cela a été détruit pendant le bombardement.

Régulièrement, chaque année, entre le 10 et le 20 août, toutes les cigognes de la ville venaient, vers le soir, se réunir sur le Temple-Neuf. Elles arrivaient des cheminées d'alentour, vieilles et jeunes, et se rangeaient en une longue file sur l'arête du toit. C'était chose curieuse à voir que tous ces grands oiseaux blancs, au long bec, montés sur leurs maigres échasses. Ils battaient des ailes, se tenaient tantôt sur l'une et tantôt sur l'autre jambe et faisaient entendre ce bruit particulier aux cigognes que l'on appelle claquement. Quelques vieilles voletaient de ci et de là, comme pour donner un mot d'ordre. Des émissaires étaient envoyés aux retardataires pour hâter leur arrivée. La réunion durait une heure au moins, puis chaque famille retournait à son nid, pour revenir le lendemain à la même heure. De nouveau l'inspection était passée par les anciens et la consigne répétée. Cette revue de départ se renouvelait trois ou quatre fois, et un beau matin les Strasbourgeois constataient à regret que toutes les cigognes étaient parties.

L'habitude des migrations annuelles est chez les cigognes aussi vieille que le monde. Pline l'Ancien, qui périt le jour où disparurent Pompéi et Herculanum, en rend témoignage. Dans son *Histoire de la nature,* il s'exprime ainsi : « De quel lieu viennent les cigognes, en quel lieu se retirent-elles ? C'est encore un problème. Nul doute qu'elles ne viennent de loin, de même que les grues. Celles-ci voyagent l'été ; la cigogne l'hiver. Avant que de partir elles se réunissent dans un lieu déterminé. Nulle ne manque au rendez-vous, à moins qu'elle ne soit esclave ou prisonnière. Elles s'éloignent toutes à la fois, comme si le jour était fixé par une loi. Jamais personne ne les a vues partir, quoique partout elles annoncent leur départ d'une manière sensible. Nous apercevons bien qu'elles sont venues, mais jamais nous ne les voyons venir. Le départ et l'arrivée ont toujours lieu la nuit. »

Ce qui a été dit de la cigogne, il y a dix-huit siècles, est toujours vrai. Les bêtes sont trop intelligentes pour changer d'habitudes !

Où les cigognes vont-elles passer l'hiver? Dans des climats plus chauds : en Grèce; en Arabie, aux environs du mont Sinaï; en Égypte et dans toute l'Afrique jusqu'au cap de Bonne-Espérance. « On montre à Bâle, dit Toussenel, dans une salle de l'hôtel de ville, une cigogne empaillée, dont le corps est traversé de part en part d'une flèche africaine des environs du Cap. Cet accident n'avait pas empêché l'oiseau de partir avec les autres à l'époque du voyage du Nord. »

Les cigognes reviennent en Alsace avec le printemps et le même couple reprend le même nid. Les nids sont invariablement installés sur les cheminées qui, à Strasbourg, sont larges et hautes et dont la plupart sont couplées au nombre de trois et de quatre. La partie supérieure forme ainsi une espèce de plate-forme qui couvre les ouvertures latérales donnant passage à la fumée. C'est là que les cigognes établissent leur domicile affectant la forme d'une corbeille d'où déborde la paille et qui est garnie à l'intérieur de plumes et de duvet, couchette molle et chaude pour les œufs à couver.

Le cours du Rhin paraît constituer pour les cigognes la patrie d'été de prédilection. Depuis Bâle jusqu'en Hollande on trouve les cigognes installées sur les cheminées. Aujourd'hui, hélas ! la France n'a plus de cigognes ! Elle les a perdues en perdant l'Alsace. Il y a plus de vingt ans, Toussenel constatait déjà que : « la cigogne n'avait trouvé que deux départements habitables en cette vaste France.... deux départements sur quatre-vingt-six, ce n'est guère... » — Je demande la permission d'achever cette citation où le spirituel auteur du *Monde des oiseaux* explique comment la cigogne justifie son établissement exceptionnel en Alsace : « Ce n'est pas seulement, dit-il,
« parce que les deux départements du Rhin sont
« ceux où l'industrie agricole et l'industrie manu-
« facturière ont atteint leur plus haut degré de
« perfection, mais avant tout, parce que ces deux
« départements nourrissent la population la plus
« probe et la plus éclairée de France. » (T. III, p. 350.) Cet éloge est doux au cœur des exilés !

Partout où réside la cigogne, qu'elle pose sur les minarets d'Orient, ou qu'elle craquète sur les clochetons des cathédrales d'Allemagne, partout le peuple l'aime et la vénère. C'est un animal sacré ! Il est incontestable que les cigognes rendent des services. Elles font la chasse aux serpents, aux reptiles, aux mulots et à toutes les vermines. On les voit suivre gravement la charrue et dévorer les larves des hannetons que le sillon creusé met à découvert. Jamais un chasseur ne tire sur une cigogne. J'aime à croire que l'immunité dont elle jouit est due à ses vertus. Il me serait pénible de penser qu'on la respecte tout simplement parce que sa chair est détestable.

Quoi qu'il en soit, la légende considère la cigogne comme un oiseau de bon augure. Dans un vieux recueil de contes de matrones, intitulé : *les Évangiles des quenouilles*, imprimé à Bruges en 1475, on lit : « Quand une cigogne fait fon nyd deffus une cheminée, c'eft figne que le feigneur de l'oftel fera riche et vivra longuement. » Les antiques croyances admettaient que la cigogne protège la maison contre la foudre. C'était une bête sainte, et dans certaines villes d'Allemagne, l'arrivée des cigognes, messagères du printemps, était annoncée par une fanfare du gardien de la tour de l'église. Ce qui est certain, c'est que l'on peut appliquer à la cigogne, ce que Michelet dit de l'hirondelle : « Elle n'a pas pris seulement notre maison, mais notre cœur ! »

La légende va plus loin encore. Elle considère les cigognes comme l'incarnation des âmes des trépassés. En cette qualité d'hommes métamorphosés en bêtes, elles auraient pour mission d'aller chercher au fond des puits l'âme destinée à l'enfant qui vient de naitre. Dans toute l'Allemagne du nord et du centre, chaque ville avait son puits aux enfants. Strasbourg avait son *Kindelsbrunnen*. Cette naïve croyance trouve sa source dans la mythologie qui fait de la cigogne, conjointement avec le paon, l'oiseau favori de Junon, déesse des relevailles.

Quant à moi, j'avoue modestement que ces graves questions de l'origine de l'homme et de sa destinée après la mort me laissent froid. Que nous partions du singe pour aboutir à la cigogne, qu'importe, pourvu que nous fassions le bien et que nous vivions le mieux possible !

D'ailleurs les cigognes méritent notre estime par des raisons plus sérieuses que toutes celles imaginées par la superstition. Elles pratiquent la piété filiale, l'amour maternel, la fidélité conjugale !!! Voilà certes de bien grandes vertus, et tant de qualités réunies ne laissent pas que de jeter quelque défaveur sur les hommes et les femmes qui trop souvent renient les vieux parents, abandonnent les petits enfants et se complaisent aux conversations criminelles.

La cigogne a donné de nombreuses preuves de son amour maternel. Elle prépare le nid avec soin, elle le garnit de duvet, elle y dépose ses œufs, elle les couve tendrement et ne quitte pas un instant sa chère progéniture. Quand les petits sont éclos, un autre travail commence. Le père se charge d'apporter leur nourriture, la mère doit veiller à leur éducation. Il s'agit de leur apprendre à voler et ce n'est pas chose facile. Quand, en essayant de marcher, nos enfants tombent, ils ne se font pas grand mal, mais les cigogneaux doivent apprendre à voler et pour cela il faut sortir du nid et se lancer dans l'espace. Aussi combien les petits sont craintifs et combien la mère est inquiète! Et cependant la première leçon est donnée sans accident et bientôt l'on voit les jeunes voleter gaiement autour du nid aérien.

Mais ces soins maternels sont choses ordinaires. La cigogne pousse plus loin le dévouement : elle aime ses enfants jusqu'à mourir pour eux. En voici un exemple mémorable. A Delft, une maison brûle, les flammes envahissent la toiture ; la couvée d'un nid de cigognes vient d'éclore, les petits sont tout nus et ne peuvent s'envoler, la mère comprend le danger ; elle s'agite, bat des ailes, craquète désespérément, vole aux alentours pour chercher du secours, et quand enfin le nid s'enflamme, elle se jette dans le brasier et périt avec ses enfants !

Il n'est que juste qu'en retour d'un pareil dévouement, les petits aiment les vieux parents. Aussi quand l'âge est venu, quand les vieilles cigognes criblées de rhumatismes ne peuvent plus voler au loin à la recherche des provisions, les jeunes leur apportent à manger. Soins pieux qui ont inspiré le législateur d'Athènes quand il a édicté la *loi pelargonia* (Πελαργος : cigogne) qui oblige les enfants à servir des pensions alimentaires aux parents vieux et infirmes.

Il me reste à parler de la fidélité conjugale des cigognes, et sur ce sujet les preuves abondent. Quand un couple s'est uni, mâle et femelle ne se quittent plus ; c'est un véritable mariage. Tous les ans ils partent ensemble pour les pays lointains, traversent de compagnie les mers et les déserts, reviennent ensemble et reprennent le même nid. Le mari est vertueux ; l'épouse est fidèle. Dans les familles de cigognes, l'adultère est inconnu !

Si quelquefois la chronique scandaleuse a parlé des cigognes, c'est que la malice humaine a troublé leur ménage, mais aussi un châtiment terrible a frappé celles qui étaient accusées d'inconstance.

En Hollande, de vilains gamins profitèrent un jour de l'absence d'une cigogne pour enlever les œufs de son nid et y substituer des œufs de poule. La mère ne se douta de rien et couva consciencieusement cette fausse progéniture. Mais quand les petits poulets eurent brisé leur coque, le père et la mère furent épouvantés ; ils jetèrent des cris d'effroi, battirent des ailes, tournoyèrent au-dessus du nid, puis tout à coup ils fondirent ensemble sur les poussins et les massacrèrent impitoyablement.

Une histoire analogue nous vient de plus loin. A Smyrne, un chirurgien français voulant se procurer une cigogne, s'avisa de voler les œufs d'un nid ; il les remplaça par des œufs de poule. La mère les couva, mais quand les poussins apparurent, une scène conjugale éclata et le mari quitta le nid pour revenir bientôt accompagné d'un grand nombre de cigognes. Un tribunal fut constitué, les juges formèrent le cercle autour de l'épouse accusée d'adultère. Le mari exposa sa plainte et la pauvre innocente, condamnée à mort, fut immédiatement mise en pièces. Le nid resta abandonné.

Comme la femme de César, une cigogne ne doit pas être soupçonnée !

La Chasse enragée

ou Chasse d'Odin

Les légendes se perdent et je n'y vois pas de mal. C'est la superstition et l'ignorance des lois de la nature qui les ont fait naître ; la raison et les progrès de la science doivent les détruire.

Les légendes populaires sont mortes : on ne croit plus aux sorciers, aux revenants, aux rondes du sabbat, aux vampires, aux gnomes et aux naïades, mais les légendes religieuses survivent : bien des gens croient encore aux miracles, au purgatoire et au paradis, au diable et à un dieu fait à l'image de l'homme.

Pourquoi le peuple a-t-il cessé de croire au philtre d'amour alors qu'il boit de l'eau de Lourdes, pourquoi a-t-il renoncé à consulter les tireuses de cartes alors qu'il se figure qu'un billet de confession peut le blanchir des plus noirs péchés? C'est que le bon sens a une tendance naturelle à rejeter l'erreur et qu'il y parvient à moins que cette erreur ne soit elle-même consacrée par l'usage, protégée par la loi, sanctifiée par la religion. Ajoutons que les prêtres ont aidé à détruire les sorciers qui se permettaient de faire des miracles en dehors de l'Église... manière de se débarrasser de la concurrence.

Les superstitions religieuses auront le sort des superstitions populaires. L'humanité plus et mieux instruite rompra avec l'antique préjugé qui impose le respect de ce qui est absurde. Le cléricalisme disparaîtra comme la sorcellerie. La science aura raison de la foi ! — Je désire que ce soit bientôt... En attendant je veux rappeler une légende, fort répandue en Alsace, qui dans le patois allemand en usage s'appelle *s'Wütcheer*, littéralement *la troupe ou la chasse enragée*.

C'était, selon la tradition, une chasse nocturne et aérienne de mauvais augure. Au milieu de la nuit le paysan était réveillé en sursaut par un bruit étrange, prodigieux, surnaturel. C'était le vacarme d'une grande vénerie infernale avec les abois de la meute, les appels des cavaliers, le hennissement des chevaux, le rugissement des bêtes fauves, les cris stridents des oiseaux de proie. Quand alors, pâle et tremblant, le malheureux osait se lever et regarder par l'étroite fenêtre de la masure, il apercevait courant sur le ciel sombre des figures singulières, des animaux impossibles, des spectres informes, toute une bande de noirs démons lancés à fond de train à la poursuite d'un gibier fantastique; et le paysan terrifié avait le frisson et sa femme se signait en annonçant tout bas quelque malheur prochain.

Cette légende n'est pas spéciale à l'Alsace. Elle est répandue un peu partout et porte, selon les pays, des noms différents. Au centre de la France elle s'appelle *chasse maligne*, la *chasse à Bôdet* ou la *chasse à Rigaud*; en Normandie, la *chasse du diable*. On en retrouve la trace dans *Robin des bois*. En Allemagne, la troupe d'esprits qui accompagne le chasseur nocturne s'appelle : *Wodan-Heer* (l'armée d'Odin). Wodan ou Odin était le dieu des Germains qui, selon la mythologie scandinave, conduisait les âmes aux enfers. Le *Wode-Heer* est devenu en Alsace le *Wüte-Heer*, et il est probable que la dénomination française de *Bôdet* a la même origine.

Dans une haute antiquité, la superstition populaire croyait voir dans ces fantômes courant sur les nuages, les âmes des morts entraînées par un dieu vengeur. Au moyen âge, la signification donnée à ces apparitions nocturnes changea de caractère. Non content de prélever sur les serfs la dîme et les autres droits du seigneur, le régime féodal défendait au malheureux paysan de chasser sur ses propres terres sous peine des galères. Malheur au téméraire qui aurait tué un lapin mangeant ses choux, un sanglier dévastant son champ, un renard enlevant ses poules. Les pauvres habitants de la campagne n'avaient même pas le droit de couper le chaume après la moisson, car le chaume devait servir de remise au gibier. Et ce n'était pas tout ; le seigneur chassait en tout temps, à sa guise, sans respecter les clôtures, les haies et les fossés, passant avec ses piqueurs, ses chevaux et ses chiens à travers les champs et les vignes, foulant sans pitié la récolte obtenue à force de travail. Cette destruction toujours possible des fruits de son pénible labeur était le cauchemar permanent de ces misérables que La Bruyère nous montre comme : « des animaux farouches, à face humaine, noirs, livides et tout brûlés du soleil, attachés à la terre qu'ils fouillent et qu'ils remuent, vivant d'eau et de racines et méritant bien de ne pas manquer du pain qu'ils ont semé. »

Quand le malheureux laboureur était réveillé par un bruit insolite, sa première pensée se reportait sur son seigneur ; le vacarme nocturne, produit peut-être par une bande d'oiseaux voyageurs traversant les hautes régions de l'atmosphère, c'était la chasse de son maître qui passait, ravageant sa récolte et aggravant sa misère. Ainsi se transforment les légendes. L'homme primitif vit dans la crainte de Dieu ; l'esclave vit dans la crainte de son maître.

De nos jours la foi aux apparitions est perdue et cependant il subsiste quelque chose de la terreur qu'inspirait autrefois la chasse enragée. L'épouvantail a changé de nom ; il s'appelle aujourd'hui le spectre rouge, le péril social, la démagogie. Ce fantôme n'apparaît plus la nuit, mais le matin et le soir, les journaux réactionnaires l'agitent devant les bourgeois épeurés. Heureusement l'effet en est usé : on s'y accoutume comme les moineaux à la défroque coiffée d'un chapeau et plantée au milieu d'un champ pour préserver la récolte.

Je le répète, les légendes s'en vont. On se réveille en sursaut et quelque bruit que l'on entende, on ne croit plus au chasseur magique ; on lit l'*Univers* et le *Français* et on n'a plus peur du spectre rouge.

Décidément nous commençons à avoir quelque bon sens, et les Français, qui se sont dénommés eux-mêmes le peuple des braves, finiront par ne plus se laisser effrayer, comme des enfants, par des contes de vieille femme.

La Momie

de l'église Saint-Thomas

Parmi les curiosités de Strasbourg, il est juste de mentionner l'église Saint-Thomas. Les étrangers y vont admirer le fameux mausolée du maréchal Maurice de Saxe, mais le sacristain ne manque jamais de les inviter à descendre dans les caveaux. Là, il leur fait voir un cercueil à vitrage dans lequel repose le corps embaumé d'une jeune fille. Elle est revêtue de la robe blanche de mariée, couverte de bijoux et la tête entourée de fleurs d'oranger. Quoique très bien conservé, cela est hideux. — Le corps est d'une maigreur effrayante, les yeux enfoncés dans leurs orbites, la bouche grimaçant un sourire affreux, le nez paraissant d'autant plus long que les joues sont plus creuses. Le spectacle n'est pas réjouissant et les curieux se hâtent de sortir du caveau, laissant le sacristain recommencer, pour la millième fois, l'histoire d'une jeune et charmante comtesse de Nassau, morte au moment de s'unir à un noble chevalier alsacien.

Une vieille légende veut que la momie de l'église Saint-Thomas revienne parmi les vivants, en hiver, à l'époque des bals. Tous les ans on la retrouve parmi les danseuses, et d'ordinaire c'était au bal donné au profit des pauvres qu'on la voyait apparaître. Oui, la jeune comtesse, la fiancée morte il y a trois siècles, on l'apercevait au bras d'un cavalier, valsant avec un entrain endiablé. C'était bien elle : même robe blanche, mêmes fleurs, mêmes colliers. C'était sa maigreur de squelette, sa bouche grimaçante, ses yeux caves, son nez proéminent... Échappée de son cercueil de verre, elle tournait, elle tourbillonnait et lançait au passage son sourire horrible !

L'on prétend que depuis l'annexion de l'Alsace à l'Allemagne, les bals publics et privés sont pleins de comtesses de Nassau. Cela ne m'étonne pas, car la momie doit prendre plaisir à se retrouver parmi ses compatriotes. Quant à moi, je n'en sais rien, car je n'y ai pas été voir !

Les
Nymphes du Mummelsée

A quelques lieues de Bade, sur le versant méridional des *Hornisgründe*, la cime la plus élevée du pays, il existe un petit lac entouré de montagnes escarpées, de blocs de rochers et de sombres sapins. Autour de ses eaux noirâtres la végétation est rare, quelques plantes rabougries, pas une fleur, pas un oiseau, partout un morne silence. Jamais l'on n'a pu sonder la profondeur du lac, jamais une barque n'a glissé à sa surface, jamais ses eaux ne se sont ridées au frétillement d'un poisson. La nappe liquide est couverte de lis et de nénuphars qui ondulent doucement au gré de la brise et laissent échapper comme un léger murmure.

Quand vient le soir, que les feux du soleil se sont éteints derrière la montagne, que la nature se repose dans le silence de la nuit, alors les eaux du lac commencent à s'agiter, des vagues légères se forment, l'écume blanchit les ondes mouvantes ; d'étranges lueurs brillent, disparaissent et pétillent encore ; des bruits mystérieux se font entendre ; peu à peu les sons deviennent plus distincts et enfin résonne sourdement une musique ravissante. Les nénuphars et les lis agités par les flots se balancent avec des mouvements toujours plus rapides. Leurs tiges flexibles s'élèvent, se croisent, s'allongent, et insensiblement elles se changent en jeunes filles aux formes gracieuses, aux longs cheveux blonds épars, presque nues sous une gaze transparente et couronnées de lis et de nénuphars.

Ce sont les nymphes du lac qui, trompant la surveillance paternelle, se sont échappées du palais de cristal qu'elles habitent dans les profondeurs des ondes. Elles viennent prendre leurs ébats au clair de lune et se livrer à la danse sur le gazon du rivage. Les mains entrelacées, elles tournent à la ronde ; tantôt elles se balancent avec une molle langueur, tantôt elles précipitent leur course rapide. La lune argente la surface du lac de sa plus douce lumière ; les étoiles scintillent de joie en regardant ces évolutions capricieuses ; les feux follets cherchent à les imiter en sautillant sur l'herbe; les noirs sapins se penchent pour mieux les voir et les eaux du lac murmurent une mélodie étrange qui sert de rythme à la danse nocturne.

Mais le plaisir fait oublier le temps. Les nymphes, livrées avec ardeur à leurs jeux folâtres, ne voient pas l'aurore aux doigts de rose qui entr'ouvre les portes de l'orient. La lune a pâli, les feux follets se sont éteints, les clartés blafardes du matin blanchissent la cime des arbres et les rieuses jeunes filles dansent encore...

Tout à coup, les eaux du lac bouillonnent et s'ouvrent. Le Neptune de cette mer des montagnes s'est aperçu de l'absence de ses filles et vient les rappeler auprès de lui. Sa tête apparait à la surface du lac ; ses cheveux en désordre et sa longue barbe blanche sont emmêlés d'herbes et de roseaux. Il fronce le sourcil et menace du doigt, pendant qu'une subite rafale gronde dans les airs. A cette vue, les nymphes s'arrêtent. Leurs joues colorées de rose par l'émotion de la danse redeviennent d'une pâleur livide. Elles accourent tremblantes et se plongent à la hâte dans le lac dont les eaux se referment sur elles.

Le premier rayon du soleil levant irradie à l'horizon, les eaux sont redevenues calmes, et à l'endroit où les nymphes ont disparu les lis et les nénuphars ondulent doucement au gré de la brise du matin, en laissant échapper un léger murmure, écho des plaintes que chuchotent les nymphes au fond du Mummelsée.

Le Cuisinier du Comte d'Eberstein

Il était une fois un comte d'Eberstein qui avait pour cuisinier un petit homme avec un énorme ventre, un triple menton et un nez très long et très pointu, mais en revanche rouge et rouge écarlate. Otto (c'était le nom du cuisinier) ne se contentait pas de goûter aux plats, il mangeait à la cuisine les meilleurs morceaux et, sous prétexte de fabriquer des sauces, il allait prendre dans la cave du château les bouteilles les plus poudreuses, mais les petits marmitons disaient tout bas que le vin ne coulait pas dans les casseroles. La gourmandise d'Otto se trahissait par sa grosse bedaine et son nez était la preuve éclatante de son ivrognerie.

Le comte d'Eberstein n'ignorait pas ce qui se passait à la cuisine et à la cave. Il avait songé quelquefois à renvoyer son cuisinier, mais comment aurait-il fait pour le remplacer ? Ses ragoûts étaient toujours délicieux et nul mieux que lui ne sut jamais rôtir à point, à la broche, un gigot de chevreuil. D'ailleurs Otto était constamment d'humeur très gaie et quand le maitre s'ennuyait, il faisait appeler son cuisinier qui lui racontait des histoires à mourir de rire. D'autres fois le comte d'Eberstein allait faire un tour aux cuisines et se tenait les côtes en voyant Otto se pencher sur le foyer pour souffler le feu. Alors tout son corps ne faisait qu'une grosse boule, son nez seul s'en détachait long et pointu et s'illuminait de reflets si éclatants que l'on se demandait s'il n'était pas plus rouge et plus incandescent que les charbons du brasier. Malgré sa gourmandise et son ivrognerie, le comte gardait son cuisinier et se contentait de dire parfois aux hôtes d'Eberstein que le nez d'Otto lui avait coûté fort cher à mettre en couleur.

Une nuit, le gros Otto se réveilla en sursaut. Il avait sans doute très bien soupé et certainement regardé trop souvent au fond du verre. Son ventre faisait entendre de sourds murmures et dans l'obscurité de la nuit son nez reluisait comme un charbon ardent.

Ne pouvant tenir dans son lit et pensant que le

grand air lui ferait du bien, Otto se leva et ouvrit la fenêtre qui donnait sur la vallée de la Mourg, dans la direction de Gernsbach.

La nuit était sereine et l'air avait une transparence toute particulière. La lune argentait de sa pâle lumière les montagnes couvertes de sapins et se mirait doucement dans les eaux du torrent, dont le bruit uniforme troublait seul le silence de la vallée.

Tout en aspirant l'air frais à pleins poumons, Otto aperçut, près de la source qui jaillit non loin du *Saut du comte,* une multitude confuse qui s'avançait vers le château en gravissant la montagne. A mesure que s'approchait cette foule désordonnée, le cuisinier put distinguer qu'elle se composait d'hommes et de femmes de tout âge et même d'enfants, qui tous, confusément, dansaient une danse singulière, d'autant plus étrange que tout se passait en silence et que l'on n'entendait ni le son d'un instrument, ni un cri de joie de la bouche des danseurs. Mais quelle fut la surprise d'Otto lorsqu'il les reconnut successivement! C'étaient des habitants de la petite ville de Gernsbach, mais qui tous avaient la figure d'une pâleur mortelle, les traits décharnés et une apparence de fantômes. Tout à coup, Otto poussa un cri d'effroi : il venait de se reconnaître lui-même au milieu du cortège des danseurs, non point avec son gros ventre et sa belle prestance, tel qu'il était regardant par la fenêtre du château, mais amaigri, les joues creuses, le yeux caves, les jambes vacillantes et le nez, d'un blanc verdâtre, retombant jusque sur le menton dégarni de son triple étage de graisse. Un frisson d'horreur parcourut tous ses membres ; il se crut en proie à un abominable cauchemar, mais l'air frais de la nuit qui le frappait au visage, la sueur froide qui inondait son front, le tremblement de ses mains et de ses jambes, ne lui laissèrent plus de doute sur son entière lucidité d'esprit. Il voulut fuir ce spectacle horrible, mais ses yeux étaient comme rivés sur cette danse des spectres qui s'éloignaient lentement comme ils étaient venus, descendant la montagne, suivant le cours de la Mourg, jusqu'à ce qu'enfin ils disparurent sur le cimetière de la ville.

A cette époque régnait en Europe une maladie affreuse que l'on appelait la *mort noire* et dans laquelle la superstition du moyen âge vit un châtiment de Dieu, parce qu'elle coïncida avec l'apparition d'une comète à longue queue flamboyante. Peu après la vision du cuisinier d'Eberstein, cette peste se répandit sur la vallée de la Mourg et fit de nombreuses victimes dans la ville de Gernsbach. Tous ceux qui syccombèrent à cette épidémie épouvantable, Otto les avait vus parmi les danseurs du cortège nocturne. L'un après l'autre, ils furent portés en terre. Le malheureux cuisinier comprit qu'il était condamné. Son gros ventre disparut, ses jambes vacillèrent, ses joues devinrent creuses, son triple menton fondit, son nez perdit sa belle couleur écarlate et s'allongea toujours davantage. Le pauvre Otto périt à son tour, dernière victime de la *mort noire* dans la vallée de la Mourg.

Christkindel et Hans Trapp

La fête anniversaire de la naissance de Jésus-Christ est célébrée dans toute la chrétienté, le 25 décembre, et s'appelle *Noël* en France, *Christ Mas* (la messe du Christ) en Angleterre et *Weihnachten* (la nuit sacrée) en Allemagne. Dès le sixième siècle s'introduisit l'usage de célébrer trois messes à l'occasion de cette solennité, l'une à minuit, l'autre au point du jour, la troisième le matin. Au moyen âge, cette fête était reproduite par des spectacles en plein vent où figuraient divers personnages et où l'on voyait un petit enfant dans une crèche, la sainte Vierge et saint Joseph à ses côtés. L'on chantait en patois des cantiques appelés *noëls*, sur des airs spécialement composés pour la célébration de la Nativité. Dans quelques pays, ces fêtes dégénérèrent en mascarades. Le peuple dansait dans l'intérieur même des églises, portant à la main des bougies allumées, chantant des chansons, battant du tambour, raclant du violon, le tout avec accompagnement de l'orgue qui jouait des *chaconnes*.

Les réveillons d'aujourd'hui sont le dernier vestige de ces festivités populaires, car la messe de minuit est presque généralement abolie.

En Alsace et dans toute l'Allemagne, Noël est la fête des enfants. En commémoration de ces paroles du Christ : « Laissez venir à moi les petits enfants ! » — l'usage s'est établi de donner à Noël des cadeaux à la *marmaille*, et pour exhorter les enfants à se bien conduire, la mère ne manque jamais de dire que, s'ils sont sages, l'Enfant Jésus, le *Christkindel*, leur apportera des joujoux à Noël. Il paraît que, sur cette promesse, l'immense majorité des enfants est très sage, car la quantité des joujoux distribués est énorme. En Alsace, il se tient, aux approches de Noël, des foires tout spécialement consacrées à la vente des joujoux. Comme cette foire coïncide avec l'anniversaire de la naissance de l'Enfant Jésus, on l'appelle *Christkindelsmarkt*.

Là viennent s'étaler tous les produits de l'industrie bimbelotière : les pièces en étain et en plomb, coulées dans des moules, colorées et vernies, dont on compose les petits ustensiles de cuisine et les soldats à pied et à cheval ; les jouets en bois sous forme de meubles, de sabres, de fusils, de grands chevaux qui galopent en basculant; les joujoux en carton figurant des oiseaux, des chiens, des chats qui chantent, aboient et miaulent sous la pression des doigts... et des poupées!... il y en a de toutes grandeurs et pour toutes les bourses, depuis le petit squelette en bois jusqu'à la poupée grande dame, couverte de velours et de dentelles, avec une tête en porcelaine, des yeux en émail et des cheveux frisés; puis, tous les instruments tapageurs qui font la désolation des locataires paisibles : trompettes, tambours, accordéons, flageolets, mirlitons! et les canons en bois, les chariots, les équipages, les cerceaux, les toupies, les quilles, les balles, la poterie avec ses tasses, ses assiettes et ses plats en miniature; tous ces articles enfin que l'industrie a imités des joujoux de Nuremberg.

On conduit les enfants à la foire du *Christkindel*, on leur fait admirer toutes ses merveilles, et on leur répète ce qu'on leur a dit pendant l'année entière, que, s'ils sont sages, l'Enfant Jésus leur enverra la veille de Noël un ange pour leur distribuer des joujoux. Cependant, comme les parents ont remarqué, depuis bien longtemps, que l'espoir des cadeaux du *Christkindel* ne suffisait pas toujours pour rendre les enfants dociles, ils ont imaginé de leur faire peur par l'annonce d'un personnage diabolique qui accompagne le bon ange et qui est chargé de fustiger les petits polissons. C'est l'idée des récompenses du paradis et des punitions de l'enfer rendue sensible et mise à la portée des enfants.

En Allemagne, ce compagnon du *Christkindel* porte le nom de *Pelznickel* ou *Pelzmichel* (Nicolas ou Michel le Velu), dénomination qui vient de ce que ce personnage est d'ordinaire enveloppé de fourrures. Dans la basse Alsace, dans le Palatinat et dans une partie du duché de Bade, il porte un nom tout spécial; il s'appelle *Hans Trapp*.

L'origine de ce nom est assez curieuse et remonte au quinzième siècle. En 1485, Jean de Dratt (ou de Trott), maréchal de la cour de l'Électeur palatin, fut investi du commandement du château de Bärbelstein, situé entre Landau et Wissembourg. Du haut de son château, le maréchal de Dratt vexait de toutes les manières les gens de l'abbaye de Wissembourg. Il rançonnait les voyageurs, pillait les villages, s'emparait des droits de chasse et de pâturage, barrait le cours de la Lauter pour empêcher le flottage des bois et la marche des moulins, et prenait un plaisir infernal à entendre les malheureux paysans gémir sous le poids de sa tyrannie.

Aussi devint-il bientôt la terreur du pays, et longtemps encore après sa mort les parents faisaient trembler leurs enfants en disant : Prenez garde, Jean Dratt va venir ! Le nom a été peu à peu corrompu et est devenu Jean (en allemand : *Hans*) Trapp.

Aujourd'hui, le château de Bärbelstein ne présente plus que des ruines ; les exactions et les crimes du féroce maréchal sont oubliés, et son nom ne sert plus qu'à faire peur aux petits enfants.

La soirée du 24 décembre, si impatiemment attendue par les mioches et les bambins, est enfin arrivée. Les parents ont été en cachette acheter des joujoux à la foire. Dans une chambre, l'on a érigé un petit sapin surmonté d'un ange aux ailes d'or, tout chargé de petits cierges, de bonbons, de pommes d'api, de pains d'épices, de noix d'or et d'argent. Tout autour sont disposés les joujoux de grande dimension : les chevaux de bois, les brouettes, les cuisines complètes. Sur des tables, éclairées par une multitude de bougies, sont rangés en bataille des soldats en carton avec leurs canons en bois et leurs forteresses garnies de ponts-levis. Les poupées, les pantins, les fusils, les tambours sont accrochés aux murs.

Les enfants sont partagés entre l'espérance et la crainte. La petite fille compte sur une belle poupée, mais elle a quelquefois trempé les doigts dans le pot aux confitures, et quoique sa maman l'ait ignoré, *Hans Trapp* pourrait bien s'en être aperçu. Le petit garçon rêve fusil, tambour, canon en bois, mais il sait qu'il a souvent polissonné, et il n'ose pas trop compter sur les largesses de *Christkindel*. Chacun fait son petit examen de conscience et tous sont inquiets.

Tout à coup l'on entend une clochette aux sons argentins. La porte s'ouvre et *Christkindel* paraît. C'est une femme vêtue de blanc, aux longs cheveux blonds, d'ordinaire figurés par une perruque de chanvre. Sa figure est enfarinée pour la rendre méconnaissable, et elle porte sur la tête une couronne de papier doré. D'une main elle tient la clochette d'argent ; de l'autre, une corbeille qui renferme des bonbons.

Derrière *Christkindel,* la porte ouverte laisse apercevoir les bougies qui illuminent les joujoux étalés dans la pièce voisine. La joie des enfants est au comble, mais soudain elle se change en épouvante. Un grand bruit de ferraille s'est fait entendre, et bientôt apparaît *Hans Trapp,* le corps couvert d'une peau d'ours, la figure noire, avec une grande barbe, et tenant à la main une verge menaçante.

Les enfants tremblent et se cachent. *Hans Trapp* demande d'une voix caverneuse quels sont ceux qui n'ont pas été sages, et leur distribue quelques tapes avec sa verge. Mais bientôt *Christkindel* intervient : les enfants lui promettent d'être bien sages à l'avenir; l'ange chasse le démon, et les conduit devant l'arbre de Noël pour leur distribuer les précieux joujoux en leur disant de douces paroles.

Les bambins et les bambines s'emparent des jouets, sonnent de la trompette, battent du tambour; habillent et déshabillent les poupées, tirent les ficelles du pantin, font manœuvrer les soldats de carton...

Au milieu de ces joyeux ébats, *Christkindel* a disparu et les enfants ont bien vite oublié les terreurs que *Hans Trapp* leur a causées. Les années se passent, les enfants deviennent hommes, mais pour beaucoup ces premières impressions subsistent, et combien n'en voit-on pas qui comptent sur les joujoux du paradis et qui tremblent devant les *Hans Trapp* de l'enfer !

Ces lignes ont été écrites au temps où l'Alsace était française. Depuis lors, les choses ont bien changé. Des milliers de familles ont fui le pays natal et Paris est devenu le grand refuge de ceux qui ont pu se soustraire à la domination allemande.

Il était à craindre que les enfants de ces émigrés à l'intérieur ne perdissent les vieilles traditions du foyer domestique.

L'*Association générale d'Alsace-Lorraine* a compris qu'elle n'avait pas seulement pour mission de venir en aide aux optants malheureux, mais qu'elle devait s'appliquer à perpétuer dans les générations nouvelles, le souvenir des coutumes d'Alsace.

Elle a institué la fête de l'Arbre de Noël.

Tous les ans, plus de 3,000 enfants d'origine alsacienne-lorraine sont conviés à l'un des grands théâtres de Paris, et là, en présence de la foule des souscripteurs et donateurs, est dressé un sapin amené des forêts des Vosges, les branches garnies de joujoux et étincelantes de lumière. Les enfants reçoivent des vêtements, des friandises, des livres, des jouets de toutes sortes. Ils retrouvent ainsi la vieille légende de l'arbre de Noël. *Christkindel* et *Hans Trapp* ont disparu, et si la force prime encore le droit, la fraternité alsacienne donne aux petits exilés la joie dans le présent et l'espoir dans l'avenir !

Les Légendes de la Cathédrale

Si la cathédrale de Strasbourg avait existé aux temps héroïques de la Grèce et de Rome, elle aurait pris rang parmi les merveilles du monde qui ont fait l'admiration de l'antiquité. Pas n'est besoin de dire combien elle est grande et haute et admirable. C'est un édifice immense, tout habillé de sculptures, décoré de rosaces et d'ogives, garni de dentelures et de clochetons, entouré de tourelles et de colonnettes, peuplé de statues et de figurines innombrables, et sa flèche, ciselée à jour, s'élance vers le ciel à une hauteur vertigineuse[1].

Plusieurs générations y ont travaillé ; la foi a

---

[1]. La hauteur de la cathédrale de Strasbourg est de 143 mètres. Celle de Notre-Dame de Paris n'est que de 68 mètres. La plus haute des pyramides d'Égypte mesure 150 mètres de hauteur verticale.

fourni l'argent et les corvées ; le talent des artistes s'y est exercé librement ; chaque architecte a voulu surpasser son prédécesseur en hardiesse et en imagination. Tout n'est pas du même style ; on a passé du roman au gothique et le plein cintre est dominé par l'ogive. Il a fallu des siècles pour achever le *Münster* ; il a défié le feu du ciel et la colère des hommes ; il a subi le vandalisme révolutionnaire et affronté le bombardement prussien, et malgré tout il reste, droit et fier, revêtu de cette teinte sombre qui va si bien à la vieillesse des monuments.

Une telle œuvre, patiemment poursuivie à travers les temps troublés du moyen âge, devait avoir sa légende. De même que les années et les hommes ont laissé leur trace sur l'édifice, de même les faits importants survenus pendant sa construction ont laissé un souvenir bientôt dénaturé par la superstition populaire.

Les légendes de la cathédrale sont nombreuses. Malgré leur antique origine et leur forme naïve, elles laissent entrevoir la vérité historique et donnent l'idée des phases diverses parcourues par cette merveilleuse construction.

Ces légendes ont bercé mon enfance et j'éprouve quelque plaisir à me les rappeler. Elles réveillent en moi des impressions que l'âge et les événements n'ont pas pu effacer. J'ai tâché de les reproduire dans leur naïveté originale. Il est bon que les enfants d'Alsace n'oublient pas dans l'exil les vieilles traditions du pays natal.

Les Trois Hêtres.

A en croire la plus ancienne des légendes, l'emplacement de la cathédrale a été de tout temps un lieu saint et vénéré. Dans une haute antiquité, il y avait là un bocage dédié au dieu de la guerre (*Kruz-mann* ou *Kriegsmann*), car les tribus germaines célébraient leur culte sous les ombrages touffus des forêts primitives que jamais la hache n'avait frappées. Là habitait la divinité, invisible à l'œil des mortels, ne révélant sa présence que par le bruissement des arbres, le bouillonnement des torrents et le scintillement des étoiles.

Dans le bocage sacré, non loin des rives de l'Ill, s'élevaient trois hêtres (*Buchen*) gigantesques.

C'est là que les Triboques, qui ont emprunté leur nom à ces trois hêtres (*Tri-Bucher*), pratiquaient le culte du dieu de la guerre. Les tribus accouraient des environs pour offrir les sacrifices. Le prêtre, vêtu de blanc, le gui sacré à la main, se tenait devant l'autel de pierre, invoquant les faveurs divines... Alors on entendait un bruit léger courant à travers les branches, grandissant sans cesse, éclatant enfin comme une tempête, et la foule tremblante se prosternait contre terre pour laisser passer le souffle des puissances célestes.

Mais les événements se succèdent et les destinées s'accomplissent. Le paganisme germain céda la place au paganisme romain. La hache abattit les trois hêtres et à leur place fut édifié un temple dédié à Mars, dieu de la guerre. Puis, à son tour, le temple romain fut remplacé par une église chrétienne, placée sous l'invocation de la Vierge Marie.

C'est un fait constant dans l'histoire que toute religion nouvelle cherche à s'établir là où le dogme ancien pratiquait les exercices de son culte. Les populations ont des habitudes qu'il faut transformer tout en les respectant. C'est ainsi que les Romains ont érigé leurs temples dans les endroits consacrés aux rites germain et gaulois, et quand est venu le christianisme, lui aussi a édifié ses églises là où étaient adorés les dieux de l'Olympe. La transmission d'un culte ancien à un culte nouveau était de la sorte facilitée sans blesser d'antiques usages. Saint Augustin disait avec raison qu'on ne devait pas raser les bocages sacrés, briser les images des dieux, détruire les temples, mais qu'il fallait s'appliquer à faire mieux en les consacrant à Jésus-Christ. — Il arrivera un jour où les églises d'aujourd'hui serviront de salles de conférences pour faire connaitre les merveilles de la science et enseigner les devoirs de la fraternité humaine!

Le Puits sacré et le Lac souterrain.

Aux temps où les trois hêtres gigantesques balançaient au gré des vents leur couronne de verdure, il existait dans le bois sacré une source qui servait à laver les animaux que le paganisme offrait en sacrifice au dieu de la guerre. Pour s'assurer les eaux de la source, on les capta en un puits qui conserva cette destination.

Plus tard, quand le christianisme se répandit en Alsace, c'est l'eau de ce puits qui servit à baptiser les adeptes de la religion nouvelle.

A en croire la tradition, c'est là que saint Remi donna le baptême à Clovis, et quand le roi des Francs eut édifié sur l'emplacement du culte païen une première église chrétienne, le puits fut compris dans son enceinte.

Ses eaux servaient à baptiser les nouveau-nés, et elles étaient employées à cet usage non seulement dans la ville, mais on venait des campagnes environnantes puiser au puits de la cathédrale l'eau des baptêmes. De là lui vint le nom « de Puits des enfants » (*Kindelsbrunnen*), et aujourd'hui encore on fait croire aux bébés que c'est de ce puits qu'ils ont été tirés à leur naissance.

La légende du puits sacré se rattache à celle d'un lac souterrain, couvert d'une voûte immense qui supporte le poids de l'église et de son dôme. Ce lac est plongé dans une nuit éternelle et ses eaux s'étendent jusqu'à l'endroit où (non loin de la place Gutenberg) existait le petit monument appelé le « Puits des poissonniers » (*Fischbrunnen*).

A minuit, quand le silence s'est fait dans les rues, le passant attardé peut entendre le bruit des flots se brisant contre les piliers de la voûte souterraine.

Il distingue le clapotement produit par les rames de la barque qui sillonne le lac, conduite par les âmes des trépassés. Il perçoit distinctement la respiration puissante et le mouvement, à travers les eaux, des monstres qui habitent les profondeurs insondables.

Selon la tradition, l'entrée du lac souterrain se trouvait dans les caves d'une maison située en face de la cathédrale, maison qui existe encore et qui depuis des siècles est occupée par une pharmacie à l'enseigne du *Cerf*. Il y avait là, dans un coin noir, une porte bardée de fer. Plus d'une fois, on l'avait ouverte pour pénétrer sous la voûte et explorer le lac, mais chaque fois un tourbillon de vent sortait de l'orifice béant et éteignait les lumières de ceux qui voulaient s'aventurer dans le gouffre mystérieux. Et quand on essayait de sonder avec des perches la profondeur de l'excavation, il apparaissait à l'ouverture des serpents, des crapauds, des salamandres énormes, et tout un fourmillement de bêtes indescriptibles. Pour éviter des malheurs, l'ouverture fut murée et couverte de décombres, et aujourd'hui l'on ne sait plus où fut l'entrée de la caverne infernale.

Le Baptême de Clovis.

On raconte que, pendant la bataille de Tolbiac, la fortune des armes se prononçant pour l'ennemi, Clovis fit vœu de se convertir si la victoire lui était donnée par le Dieu des chrétiens. Il revint vainqueur à Strasbourg, et pour accomplir son vœu, il fit mander saint Remi, évêque de Reims. Au jour fixé, Clovis, accompagné de trois mille Francs, se rendit dans l'enceinte du temple païen dédié au dieu de la guerre. Le roi, habillé de blanc, reçut le baptême des mains de l'évêque et après lui les trois mille guerriers francs se convertirent au christianisme. Clovis fit raser le temple païen et, à sa place, il fit édifier une église, bâtie en bois et en pierre, couverte d'une toiture immense, qui fut dédiée à la Vierge Marie. Commencée en 504, l'œuvre fut achevée en 510, la dix-neuvième année du règne de Clovis.

La tradition relate qu'à cette occasion le roi des Francs modifia ses armoiries païennes. Jusqu'alors son bouclier portait trois crapauds noirs sur champ d'or. Il les changea en fleurs de lis d'or sur champ d'azur. La fleur immaculée a remplacé la bête immonde et ce n'est qu'après douze siècles de luttes que l'antique principe du droit divin a disparu devant le principe nouveau de la souveraineté du peuple. Le progrès est lent, mais il arrive fatalement !

La Cour des Corvées.

A en croire les vieilles chroniques, c'est Pépin le Bref, fils de Charles Martel, qui a fait ajouter un chœur en pierre à l'antique église de Clovis. Charlemagne acheva l'œuvre commencée par son père et dota la basilique d'une quantité de reliques précieuses. Sous Louis le Débonnaire, la cathédrale surpassait en magnificence toutes les églises édifiées le long du Rhin.

L'empereur Henri II, d'Allemagne, vint à Strasbourg et passa le temps de son séjour à assister à la célébration du culte dans la cathédrale. La légende dit qu'il manifesta l'intention de renoncer à la couronne impériale et de finir ses jours dans la confrérie des prêtres voués au culte de la Vierge. Ce qui paraît plus certain, c'est qu'il dota la cathédrale d'une riche prébende. Le prélat qui en jouissait occupait la place du fondateur et s'appelait le roi du chœur.

Le jour de Saint-Jean-Baptiste de l'année 1007, la foudre tomba sur la cathédrale et sur l'église Saint-Thomas. Les deux édifices furent réduits en cendres. L'évêque Werner résolut de les reconstruire. Il promit la rémission de leurs péchés à tous ceux qui y donneraient leur concours moyennant argent ou travail. Une collecte fut organisée dans le pays et comme elle produisit des sommes considérables, on fit appel aux architectes les plus renommés pour ériger un monument merveilleux.

La construction fut commencée en 1015. On enleva les fondations de l'église de Clovis ; on creusa à une grande profondeur et, ayant atteint les nappes d'eau souterraines, on y enfonça d'énormes pieux au moyen d'un marteau-pilon formidable qui, pendant longues années, fut conservé au dépôt municipal des charpentes (*Zimmer-Werkhof*). Les blocs de pierre de taille furent extraits des carrières de la vallée de la Couronne (*Kronthal*), près Wasselonne, et d'immenses charrois les amenaient à Strasbourg. Toute la population des environs participait à ces corvées. Chacun voulait gagner le salut de son âme en contribuant à édifier le monument consacré à la Mère de Dieu. Sur la place près de la cathédrale, du côté sud, on avait élevé de grandes baraques, où l'on donnait à boire et à manger aux voituriers qui amenaient les matériaux de construction, et c'est à cette circonstance que la place a dû le nom de « Cour des corvées » (*Frohnhof*), nom qu'elle a gardé pendant des siècles.

La légende rapporte que le premier qui amena un chargement de pierre, était un meunier. Vêtu d'une casaque rouge, les cheveux crépus, petit de taille, il était monté sur un grand cheval blanc trainant une voiture chargée d'un bloc énorme. Il fut accueilli par les acclamations de la foule, et pour perpétuer le souvenir de son action, l'un des tailleurs de pierre sculpta la statue équestre du meunier et la plaça contre l'un des piliers de la cathédrale. Le fait est attesté par Grandidier, dans son histoire de l'église de Strasbourg, où il parle « du petit homme à cheval, taillé dans la pierre, au chapiteau du grand pilier, vis-à-vis la loge du garde, qu'on prétend représenter le meunier qui a amené la première pierre de cet édifice ».

Les deux Ouvriers.

Le jour de la Chandeleur de l'année 1276, on commença à creuser les fondations de la façade principale de la cathédrale. Maître Erwin de Steinbach en avait tracé le plan merveilleux qui comportait deux tours se terminant en flèches légères et gracieuses.

Après avoir célébré la messe dans le chœur déjà édifié, l'évêque Conrad de Lichtenberg se rendit processionnellement sur la grande place, suivi de tout son clergé, des magistrats de la ville, de la noblesse, de la bourgeoisie et du peuple. Le brillant cortège fit trois fois le tour de l'immense enceinte destinée à recevoir les assises du monument. L'évêque donna la bénédiction selon l'antique usage, puis il prit une pelle et enleva un peu de terre. Après lui, les prélats et les principaux assistants donnèrent les trois coups de pioche réglementaires. Les ouvriers attendaient avec impatience la fin de la cérémonie pour commencer leur travail. Chacun croyait gagner le salut éternel en prenant part à l'œuvre sainte.

Au signal donné par maitre Erwin, les ouvriers s'élancent. C'est à qui enlèvera la première pelletée de terre. Deux compagnons se rencontrent à l'endroit même où l'évêque Conrad avait fouillé le sol. Ils se disputent le terrain, se provoquent du regard et du geste, et bientôt ils se battent à coups de pelle. L'un deux tombe frappé à mort au milieu des cris d'effroi de la foule. Aussitôt l'évêque fait arrêter les travaux qui ne sont repris qu'au bout de neuf jours, employés en prières pour appeler le pardon du ciel sur l'emplacement profané par ce crime abominable.

La construction des fondements dura seize mois, et le jour de la Saint-Urbain 1277, l'évêque Conrad posa solennellement la première pierre de la façade. Une inscription sur le portail gauche attestait que l'*œuvre glorieuse* avait été commencée par l'architecte Erwin de Steinbach.

Sabine, fille d'Erwin de Steinbach.

Parmi les légendes de la cathédrale, il n'en est pas de plus poétique que celle qui représente l'architecte Erwin de Steinbach assisté dans son œuvre par sa fille Sabine, la statuaire. Selon la tradition, le génie du père avait conçu le plan de l'édifice et le talent de la fille avait contribué à son ornementation. Ayant appris à manier le ciseau dans l'atelier de son père, Sabine, pénétrée de l'idée religieuse de son temps, s'exerçait à tailler dans la pierre dure des Vosges la figuration des symboles chrétiens. C'est elle qui sculpta les statues décoratives du portail méridional, où l'on voyait les douze apôtres la tête entourée du nimbe sacré; Salomon tenant à la main le glaive de justice; au-dessus de lui, la figure resplendissante du Christ; plus loin, la mort, les funérailles, l'assomption et le couronnement de la Vierge, et aux extrémités, se faisant face, l'Église et la Synagogue avec des attributs attestant la victoire de l'Évangile sur la loi de Moïse.

De tout ce merveilleux décor, il ne reste plus

grand'chose. Le marteau révolutionnaire a dépeuplé la cathédrale de la plupart de ses statues. Et, ce qui est plus triste encore, l'érudition des historiens a fourni la preuve que Sabine s'appelait Savine; qu'elle n'était pas la fille d'Erwin; qu'elle a vécu un siècle avant lui... et ainsi disparait la plus gracieuse des légendes !

La Peste noire et le Grüselhorn.

En l'année 1348, de sinistres nouvelles se répandirent en Alsace. A en croire la rumeur publique, l'extrême Orient avait été le théâtre d'événements prodigieux : invasion de sauterelles, sécheresse persistante, famine générale, tremblements de terre, inondations. La peste avait fait mourir des millions d'hommes et le terrible fléau s'avançait par l'Allemagne et le midi de la France, faisant des victimes innombrables. La terreur régnait. Jamais encore la nature n'avait éprouvé d'aussi grands cataclysmes ; ce n'était partout que montagnes s'é-

croulant, villages entiers submergés, terre entr'-
ouverte en gouffres béants, vapeurs délétères
répandues dans les airs, et jusqu'au vin s'aigrissant
dans les tonneaux, et les hommes eux-mêmes
frappés de vertige.

On citait le nombre formidable des décès dans
les villes populeuses; on décrivait l'horrible maladie : brûlure dans les entrailles, fièvre intense, dé-
jections sanguines, pustules noires, mort certaine
dans les trois jours, et nul moyen de salut, car la
contagion était inévitable, et les vieilles chroniques
disent « *que non pas feullement par la demeure ou
communication, mais auffi par le regard l'ung rece-
voit la pefte de l'autre* ».

La superstition religieuse s'en mêle. Tous veulent, en vue d'une mort prochaine, racheter leurs
péchés par des offrandes et des donations, et l'Église
profite largement de l'épouvante générale. Il se
forme des confréries de flagellants, qui marchent
processionnellement deux à deux, vêtus de blanc, la
figure couverte d'une toile, une croix rouge à leur
chaperon, portant d'une main un cierge allumé,
et de l'autre se frappant le dos avec une lanière
garnie de nœuds et de pointes. Ils font ainsi leur
entrée dans Strasbourg, en chantant des psaumes,
se placent devant la cathédrale et procèdent à

leurs flagellations, au milieu du peuple assemblé poussant des soupirs et versant des larmes.

Mais la multitude ne se contente pas d'attribuer le fléau à la colère divine, elle cherche la cause du mal dans les agents matériels, et bientôt le bruit se répand que les taches noires des cadavres sont la preuve visible d'un empoisonnement. Les coupables, ce sont les juifs, ennemis du Christ. Ils ont jeté du poison dans les puits !... Alors une immense clameur s'élève tout le long du Rhin. Partout on accuse les juifs. Leurs moindres actes sont surveillés et soupçonnés. On les arrête, on les torture, on les brûle en masse.

A Strasbourg, l'exaltation du peuple ne connait pas de bornes. La rue des Juifs est barrée de chaines. La peste ne s'est pas encore déclarée et on ne peut leur reprocher d'avoir empoisonné les puits, mais on les accuse du crime de trahison : ils ont voulu, au son d'une énorme trompe, avertir l'ennemi du moment où il pourrait surprendre la ville. On les arrête tous et le jour de la Saint-Valentin, 14 février 1349, ils sont, au nombre d'environ deux mille, portés sur un immense bûcher dressé au milieu du cimetière israélite. On y met le feu, et bientôt les malheureux sont suffoqués et calcinés par les flammes, à la grande joie de tous ceux qui leur doivent de l'argent et qui se trouvent ainsi libérés de leurs dettes.

L'horrible exécution n'empêcha pas la ville d'être ravagée par la peste, mais les magistrats municipaux ordonnèrent que chaque nuit, du haut de la cathédrale, on sonnerait la trompe d'épouvante (le *Grüselhorn*) pour perpétuer ainsi le souvenir de l'infâme trahison des juifs.

Le petit homme près du pilier aux Anges.

Tous ceux qui ont visité la cathédrale de Strasbourg se souviennent d'avoir vu, dans la partie méridionale du transept, la figure d'un petit homme, accoudé sur la balustrade de la chapelle Saint-Nicolas, qui regarde vers la voûte soutenue par le pilier aux anges. Un sculpteur inconnu a taillé dans la pierre cette tête étrange. On dirait un paysan futé et narquois. Son béret est peint en noir et son manteau aux couleurs de la ville, mi-parti blanc et rouge. Il contemple le pilier aux anges et il semble mettre en doute la solidité de la voûte...

A en croire la légende, le petit homme était venu un jour visiter le chœur nouvellement achevé. Il tournait autour du pilier aux anges, le regardant de bas en haut, et de haut en bas, mesurant du regard la légèreté de la colonne et le poids de la voûte, et il secouait la tête d'un air inquiet.

A ce moment, l'architecte vint à passer et, intrigué par les allures du petit homme, il lui demanda ce qu'il avait à critiquer.

L'autre répondit : « Le pilier est beau, il est léger, il est grand, il est orné admirablement de ciselures et de statues, c'est une merveille, mais il est trop faible pour supporter l'énorme voûte. Bientôt on le verra fléchir et s'écrouler.

« — Eh bien, dit l'architecte, vous regarderez le pilier jusqu'à ce qu'il s'écroule ! »

Et aussitôt il alla choisir un bloc de pierre et le tailla de son ciseau. Il en sortit l'exact portrait du petit homme qui fut placé derrière la balustrade de la chapelle. Il est là depuis des siècles, regardant le pilier aux anges, et il attend encore, et il attendra toujours l'effondrement de la voûte.

L'Horloge merveilleuse.

Une cathédrale doit avoir une horloge, et quand la cathédrale est une merveille d'architecture, l'horloge doit être un mécanisme merveilleux. Ainsi en avaient jugé les magistrats de Strasbourg. Ils firent publier un peu partout qu'ils demandaient un horloger capable de faire un chef-d'œuvre et ils promirent comme récompense la fortune et la gloire.

Bientôt se présenta un artiste qui conçut le plan le plus beau que l'imagination puisse rêver. Il se mit à l'œuvre et après quelques années de travail, la population fut conviée, à l'heure de midi, pour voir fonctionner la nouvelle horloge.

Ce n'était pas un mécanisme ordinaire marquant et sonnant les heures. On y voyait la figure de la mort frappant la cloche de sa faux ; puis, pendant que retentissaient les douze coups, les apôtres défilaient et s'inclinaient devant le Seigneur. Deux lions, gardiens des armes de la ville, poussaient des rugissements formidables. Enfin, un coq, perché sur un clocheton, battait des ailes et poussait deux fois un cri strident qui se répercutait sous les voûtes sombres de l'église.

Grandes furent la surprise et la joie parmi les assistants. L'habile artiste reçut force louanges et récompenses. Mais bientôt il fut l'objet de la défiance des magistrats. On craignit qu'il n'allât dans une autre ville établir quelque mécanisme d'horlogerie plus merveilleux encore. Que deviendrait alors la gloire de Strasbourg ? Il fallait à tout prix préserver l'orgueil de la cité contre un pareil attentat. Le Conseil de ville se réunit et l'on décida de recourir à un moyen atroce. L'horloger fut saisi et on lui creva les yeux !

Lorsque le malheureux fut plongé dans la nuit éternelle, il formula une prière suprême. C'était d'être conduit auprès de son œuvre pour la régler une dernière fois. En tremblant il toucha l'horloge, puis tout à coup il y plongea la main et en brisa les rouages. Sa vengeance était accomplie...

Depuis lors, les apôtres ne sortent plus à l'heure de midi ; la cloche a cessé de tinter, les lions se taisent et le coq ne chante plus [1] !

---

1. L'horloge astronomique actuelle a été faite en 1842, par le mécanicien Schwilgué.

L'Étranger et son Chien.

Il était une fois un noble étranger qui voyageait de par le monde pour son plaisir et son instruction. Dans toutes ses pérégrinations il était accompagné par un grand chien qui ne le quittait pas plus que son ombre.

Arrivé à Strasbourg, le voyageur ne manqua pas de faire l'ascension de la cathédrale, toujours suivi par son chien fidèle.

Du haut de la plate-forme on jouit d'une vue admirable. Tout autour s'étend la ville avec ses places et ses rues et ses hautes toitures aux cheminées couplées où perchent les cigognes; puis les remparts et les vieilles tours; plus loin, les flots argentés du Rhin, et tout à l'horizon, les cimes curieusement découpées des Vosges et de la Forêt-Noire.

La plate-forme est entourée d'une balustrade à hauteur d'appui, et le gardien du monument eut soin d'avertir l'étranger qu'un prédicateur de la cathédrale s'était amusé quelquefois à y monter et à s'y tenir debout au grand ébahissement des curieux qui, d'en bas, assistaient à cet acte de témérité.

L'étranger n'hésita pas à déclarer que ce n'était là qu'un jeu d'enfant. Il paria de faire trois fois le tour de la plate-forme, debout sur la balustrade, sans peur et sans vertige.

Aussitôt il saute sur le revêtement de pierre et debout il contemple l'immense vallée du Rhin. Puis il commence la tournée périlleuse, suivi pas à pas par son chien.

Il affronte l'abime du regard; il se tient droit; il marche lentement, et deux fois il fait le tour de la plate-forme. Les assistants le supplient de renoncer à son entreprise téméraire, mais il n'écoute rien, et pour la troisième fois, il s'avance sur l'étroite balustrade, toujours suivi par le chien. Encore quelques pas... il va arriver au point de départ et le pari sera gagné.

Mais tout à coup il est saisi par le vertige... il fléchit... il tombe dans le gouffre. Et aussitôt le chien s'élance et son corps vient s'écraser sur les dalles du portail à côté de son maitre. Fidèle pendant la vie, il reste fidèle jusque dans la mort!

La Nuit de Saint-Jean-Baptiste.

La dernière pierre de l'admirable flèche de la cathédrale fut scellée le jour de la Saint-Jean de l'année 1439. Une statue de la Vierge couronna l'édifice.

Pendant des siècles, la grande œuvre avait été poursuivie sans relâche. L'une après l'autre les générations avaient fourni le travail et les subsides. Chacun croyait racheter ses péchés et gagner le salut éternel en contribuant à l'érection du monument consacré à la gloire du Dieu des chrétiens Toute une série d'architectes en avaient tracé, modifié, exécuté les plans. Une foule de sculpteurs, de verriers, de peintres avaient contribué à ornementer ses niches, ses ogives et ses voûtes. Ils sont morts sans avoir vu l'achèvement de leur œuvre, et au fond des caveaux, dans leurs cercueils de pierre, ils dorment du sommeil éternel.

Cependant, chaque année, il est une heure pendant laquelle ils reprennent vie pour voir et admirer le monument.

Quand, le jour de la Saint-Jean, sonne l'heure

de minuit, une rumeur étrange emplit l'édifice antique. Les tombeaux s'ouvrent. Les trépassés se lèvent et s'agitent. Ils s'assemblent sous les voûtes sombres de la nef. Voici les chefs des vieilles maîtrises, avec les attributs de leur métier et recouverts des vêtements de leur temps. Le cortège se forme et les fantômes parcourent les couliors et les chapelles, montent les escaliers en spirale, escaladent les tourelles taillées à jour, et chacun reconnait les lieux où il a laissé l'empreinte de ses efforts et de son génie.

Parmi toutes ces formes fantastiques, brille d'un éclat particulier une figure éthérée. C'est une femme vêtue d'une tunique blanche, qui tient un ciseau, et en elle, les spectres reconnaissent Sabine. La fille d'Erwin plane au-dessus de la multitude des revenants, doucement éclairée par les rayons de la lune.

L'antique cathédrale est remplie d'une mêlée indescriptible aux flottements ondoyants. Ces êtres vaporeux affectent les allures de la vie tout en ayant les apparences de la mort...

Mais l'heure sonne à la tour, et aussitôt tout disparait. Les fantômes se sont évanouis et le silence règne dans le temple immense !

DERNIER SOUVENIR

Dernier Souvenir

Avant. — Pendant. — Après.

Avant.

C'était par une belle soirée du mois de juin 1870. A quelques kilomètres de Strasbourg et à une portée de fusil du chemin de fer de la ligne des Vosges, une grande maison blanche se détache coquettement sur un fond de verdure. Devant, une cour sablée avec des parterres de gazon, un perron formé par deux colonnettes supportant un balcon où grimpent les glycines et les chèvrefeuilles; derrière, un vaste jardin encadré de vigne et d'espaliers, et au fond un petit bois plein d'ombre et de fraicheur. Du côté du jardin règne une large terrasse d'où l'on aperçoit, à gauche, la flèche gracieuse de la cathédrale de Strasbourg et les cimes de la Forêt-Noire; à droite, toute la chaine des Vosges se détachant en vives arêtes sur les nuages frangés d'or par le soleil couchant.

Sur la terrasse, deux petites filles, Berthe la blonde et Lucie la brune, s'amusent en jouant avec leurs balles et leurs poupées. Leur mère, occupée à un travail de couture, surveille leurs joyeux ébats. Un chien d'arrêt, blanc marqué de brun, est couché à ses pieds. Quand parfois la balle lancée par les enfants tombe près de lui, le chien saute dessus et la mordille entre ses dents. Alors les enfants poussent des cris, la mère prend la balle dans la bouche du chien et la jette au loin. Cara bondit par l'escalier de la terrasse, gambade dans le jardin et rapporte la balle, à la grande joie des deux fillettes.

Tout à coup, le sifflet aigu d'une locomotive retentit. La mère s'écrie : « Voici papa ! » — et un instant après un train de chemin de fer passe à grande vitesse pour aller s'arrêter à la station voisine.

Aussitôt chacun s'apprête, et l'on va à la rencontre du père qui revient de la ville, où l'appelle chaque jour le soin de ses affaires. Berthe se met à courir, et va se jeter dans les bras de son père. Cara survient et bondit. La maman s'approche, portant Lucie, et tout le monde reprend le chemin de la maison. Les parents se tiennent par le bras, les enfants courent devant, le chien saute autour de la petite famille qui rentre au logis, et sous la porte, la grosse Madeleine annonce que le dîner est servi.

La table est dressée sur la grande terrasse. Le repas se passe gaiement. Le père raconte les nouvelles de la ville. Les petites filles jacassent et donnent du pain à Cara, qui de son museau leur pousse le coude et frappe les chaises des battements de sa queue.

L'on fait une dernière promenade dans le jardin et le petit bois. Les enfants se roulent sur l'herbe. Le père secoue les arbres et fait tomber une averse de hannetons. L'on va s'asseoir sur un banc, et chacun fait silence pour écouter le rossignol qui chante dans la forêt voisine. La soirée est tiède et l'atmosphère tout imprégnée des vives senteurs du printemps.

Cependant la nuit vient. Il faut coucher les fillettes et rattacher Cara dans sa niche. On rentre à la maison, et bientôt les enfants dorment dans leurs petits lits. Les parents prolongent la veillée, l'un tenant la plume, l'autre tirant l'aiguille, et interrompent parfois leur besogne pour parler de Berthe, la jolie blonde, au visage blanc et rose, au regard curieux et profond, et de Lucie, la petite brune, au teint mat, aux yeux pleins de douceur et de malice. — Puis la lumière s'éteint, et il règne un grand silence, interrompu un instant par quelque paysan attardé qui chante un vieil air d'Alsace...

Existence tranquille : le présent est bon ; l'avenir paraît assuré. C'est le bonheur dans l'aisance modeste ; c'est le contentement dans l'intimité...

C'est la paix !.....

Pendant.

Deux mois se sont passés... La soirée du 24 août est sombre, le temps humide et le ciel couvert de nuages. La maison blanche est toujours là, encadrée de verdure ; mais combien la scène a changé !

Dans la cour est établie une cantine où sont attablés des soldats allemands coiffés du casque à pointe de cuivre. Des factionnaires veillent aux portes, armés du lourd fusil à aiguille. Sur la terrasse sont réunis plusieurs officiers prussiens. Ils boivent de la bière et fument des cigares. Leurs regards sont tournés vers la cathédrale de Strasbourg, dont la flèche dentelée se détache en noir sur le ciel gris. On dirait qu'ils sont dans l'attente d'un spectacle. Ils regardent l'heure à leur montre et s'impatientent.

Il règne un grand silence. Pas un passant dans le chemin, pas une voiture sur la route. Les oiseaux ont cessé de chanter. Tout est morne et sombre.

Tout à coup l'on entend au loin sonner l'heure. La cloche de la cathédrale tinte huit fois... C'est le glas funèbre de l'antique capitale de l'Alsace !

Aussitôt éclate un bruit épouvantable. Cent pièces d'artillerie détonent à la fois. De tous côtés les projectiles sont lancés et convergent sur Strasbourg. Les bombes tracent dans l'air leur sillon de feu. Les obus sifflent et éclatent. Les gros mortiers établis au delà du Rhin dominent ce vacarme de leur tonnerre formidable.

La forteresse répond par tous les canons de ses remparts, et la vieille cité apparait au milieu d'une ceinture de feux !

A ce spectacle sinistre, les Prussiens poussent un triple *hurrah !* La joie et la haine éclatent sur leurs visages. Une ville entière est bombardée ; des femmes, des vieillards, des enfants sont en danger de mort, et leur cœur ne connait pas la pitié !

Cependant au-dessus de Strasbourg s'élève une épaisse fumée que parfois le vent agite comme un immense drapeau noir. Bientôt les flammes jaillissent. La grêle des projectiles allume partout des incendies. La clarté qu'ils projettent est telle que l'on aperçoit comme illuminés les grands édifices, les hautes toitures, les clochers des églises. La cathédrale est intacte encore, et sa masse colossale se dresse majestueusement et semble grandir au milieu des ruines qui l'entourent.

L'on peut compter un à un les édifices qui brûlent. Ici, le faubourg et les casernes ; là, le musée de la place Kléber. Plus loin, le Temple-Neuf et la Bibliothèque avec ses manuscrits précieux, ses médailles, ses trésors accumulés depuis des siècles. D'immenses gerbes de flammes s'élèvent vers le ciel, et les papiers qui brûlent tourbillonnent au loin en vives étincelles. L'ennemi dirige ses projectiles vers les foyers d'incendie pour rendre tout secours et tout sauvetage impossibles. Ce sont d'énormes brasiers au milieu desquels les bombes et les obus font explosion. Détonations incessantes ; longues paraboles lumineuses dans le ciel noir ; éclatement sinistre des incendies ; une mer de feux !...

Et pendant que dans la ville assiégée les maisons brûlent et les toitures s'effondrent, que les habitants se réfugient dans les caves, que les petits enfants pleurent dans les bras de leurs mères qui tremblent, que partout les obus font des victimes... les officiers prussiens, réunis sur la terrasse de la maison blanche, boivent, fument et chantent ! Déjà ils croient la victoire certaine. Demain la population, affolée de terreur, ouvrira ses portes au vainqueur ! — Calcul inhumain qui sera déjoué par le patriotisme des Strasbourgeois.

Quand enfin le canon cesse de gronder et que le jour paraît, un spectacle horrible se présente : partout des débris fumants ; des quartiers entiers consumés ; des femmes tuées ; des petits enfants estropiés ; des milliers de familles sans asile et sans pain !

C'est le massacre et la ruine....

C'est la guerre !

Après.

Six mois plus tard, tout est rentré dans le calme. Les arbres sont couverts de neige, la maison blanche est vide, et ses volets sont fermés. Plus de soldats au bivouac, mais aussi plus d'enfants qui jouent.

A la porte pend un grand écriteau : « Maison à vendre. »

C'est la conquête et l'émigration.....

C'est l'exil !

Table des Matières

	Pages.
PRÉFACE	I
Préface de *La Chasse dans la Vallée du Rhin*	III

CHASSE

Le Gibier en Alsace	3
Les Canardières	11
Grande Battue de lièvres en plaine	21
Chasse de la caille verte	27
Une Chasse au blaireau	33
Le Braconnage au bâton	41
La Chasse au coq de bruyère	47
Chasse du renard aux terriers	51
Les Iles du Rhin en 1858	59
Le Lièvre au glaçon	63
La Chasse au faisan	69
Un Massacre d'étourneaux	75

	Pages.
Les Sangliers d'Alsace	97
Ruse pour prendre les corbeaux	107
Cara	111

PÊCHE.

Le Poisson en Alsace	119
La Pêche du saumon dans le Rhin	125
Les Écrevisses	133

INDUSTRIES

Le Schlittage des bois dans les Vosges	143
Le Flottage des bois dans la Forêt-Noire	157
La Fabrication des coucous	172
Le Houblon et la Bière	179
Le Tabac et la Pipe	191
Les Oies et les Pâtés de foie gras	197

LÉGENDES

Les Cigognes de Strasbourg	207
La Chasse enragée ou Chasse d'Odin	217
La Momie de l'église Saint-Thomas	223
Les Nymphes du Mummelsée	225
Le Cuisinier du comte d'Eberstein	229
Christkindel et Hans Trapp	235

	Pages.
Les Légendes de la Cathédrale	243
Les Trois Hêtres	245
Le Puits sacré et le Lac souterrain	247
Le Baptême de Clovis	250
La Cour des corvées	251
Les Deux Ouvriers	254
Sabine, fille d'Erwin de Steinbach	256
La Peste noire et le Grüselhorn	257
Le Petit Homme près du Pilier aux Anges	260
L'Horloge merveilleuse	262
L'Étranger et son Chien	264
La Nuit de la Saint-Jean-Baptiste	266

DERNIER SOUVENIR

Avant. — Pendant. — Après	271

BERGER-LEVRAULT ET Cie, LIBRAIRES-ÉDITEURS

EXTRAIT DU CATALOGUE :

Récits et Légendes d'Alsace, par TUEFFERD et GANIER, avec 56 compositions originales par Henry GANIER. Magnifique album grand in-4°, relié en percaline gaufrée, or, argent et couleurs, plaques artistiques . . . . **15 fr.**

Bûcherons et Schlitteurs des Vosges. Album in-4° de 40 compositions sur pierre, par Théophile SCHULER. Texte par Alfred MICHIELS. Cartonné . . . . **12 fr.**

L'Ancienne Alsace à table. Étude historique et archéologique sur l'alimentation, les mœurs et les usages épulaires de l'ancienne province d'Alsace, par Charles GÉRARD. Un très beau volume grand in-8°, imprimé en caractères elzéviriens, avec ornements typographiques, broché. . . . **8 fr.**

Les Artistes de l'Alsace pendant le moyen âge, par Charles GÉRARD. 2 forts volumes grand in-8°, brochés. . . **12 fr.**

Contes d'Alsace sur les âges de la pierre et du bronze, par le Dr SARAZIN. Un beau volume in-8° de 516 pages, broché, **6 fr.**

L'Alsace française. Strasbourg pendant la Révolution, par Eug. SEINGUERLET. Un beau volume in-8° de 580 pages, broché . . . . **6 fr.**

Hans. Fantaisie allégorique pour tous les âges, racontée à ses petits neveux, par G. JUNDT. Album grand in-4° de 30 compositions patriotiques avec texte. Relié en toile gaufrée or, plaque spéciale. . . . . **7 fr. 50 c.**

Les Chants du pays, par Ch. et P. LESER. 4e édition. Joli volume elzévirien, broché . . . . **1 fr. 50 c.**

Poésies d'un vaincu. Noëls alsaciens-lorrains. Poèmes de fer, par Édouard SIEBECKER. Joli volume elzévirien in-12, broché . . . . **3 fr.**

Wissembourg au début de l'invasion de 1870. Récits d'un sous-préfet, par Edgar HEPP. Un volume in-8°, broché, **3 fr.**

Les Héros de la défaite. Livre d'or des vaincus. Récits de la guerre de 1870-1871, par Joseph TURQUAN. Un volume in-12, broché. . . . . **3 fr. 50 c.**
    Relié en toile gaufrée, plaque spéciale . . **4 fr. 50 c.**

La Lorraine illustrée. Texte par Lorédan LARCHEY, André THEURIET, etc. Un magnifique volume grand in-4° de 800 pages, avec 445 belles gravures et un frontispice en chromo, broché. . . . . **50 fr.**
    Relié en demi-maroquin, gaufrage artistique, or, argent et couleur, d'après des motifs lorrains . . . **60 fr.**

www.ingramcontent.com/pod-product-compliance
Lightning Source LLC
Chambersburg PA
CBHW070742170426
43200CB00007B/614